职业教育**汽车专业**课程改革创新教材

汽车

电气维修

Maintenance of Automobile
Electrical Equipment

陆广华 ◎ 主编

孙宜忠　陈文杰 ◎ 副主编

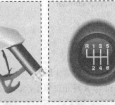

人 民 邮 电 出 版 社

北 京

图书在版编目（CIP）数据

汽车电气维修 / 陆广华主编. -- 北京：人民邮电
出版社，2014.8
职业教育汽车专业课程改革创新教材
ISBN 978-7-115-35828-8

Ⅰ. ①汽… Ⅱ. ①陆… Ⅲ. ①汽车－电气设备－车辆
修理－中等专业学校－教材 Ⅳ. ①U472.41

中国版本图书馆CIP数据核字(2014)第115364号

内 容 提 要

本书是根据《国家中等职业教育改革发展示范学校建设》的指导精神，以培养汽车维修专业学生
综合职业能力为出发点，促进人才培养模式改革和课程体系建设为目的，同时参考了汽车维修工中级
工职业资格标准编写而成。全书由汽车电气设备基础、电源系、起动系、照明与信号装置、汽车仪表
与报警装置、舒适与安全装置、汽车巡航系统、汽车整车电路 8 个项目组成。

本书可作为中等职业学校汽车维修专业的教材，也可作为职业技能培训岗位培训教材和其他从事
汽车专业相关人员的参考书。

◆ 主　　编　陆广华
　　副 主 编　孙宜忠　陈文杰
　　责任编辑　刘盛平
　　执行编辑　王丽美
　　责任印制　杨林杰

◆ 人民邮电出版社出版发行　　北京市丰台区成寿寺路 11 号
　　邮编　100164　　电子邮件　315@ptpress.com.cn
　　网址　http://www.ptpress.com.cn
　　北京圣夫亚美印刷有限公司印刷

◆ 开本：787×1092　1/16
　　印张：12　　　　　　　　　2014 年 8 月第 1 版
　　字数：306 千字　　　　　　2014 年 8 月北京第 1 次印刷

定价：29.80 元

读者服务热线：(010)81055256　印装质量热线：(010)81055316
反盗版热线：(010)81055315
广告经营许可证：京崇工商广字第 0021 号

随着电子技术的发展，汽车电子化程度越来越高，汽车上的电气设备也越来越多，汽车电气系统的故障诊断与排除也变得越来越难，对于汽车维修人员而言，掌握汽车电气设备的结构、原理及检测方法是汽车维修企业岗位能力的基本要求，为满足现代企业对汽车维修人才的需求，我们经过企业调研、专家论证、师生讨论等系列工作之后，结合《国家中等职业教育改革发展示范校建设》在课程标准和教材建设方面的要求，组织专业老师编写了本书。

本书以提升学生的专业能力和职业素养为宗旨，以促进课程体系改革和专业建设为目标，其特点如下。

（1）本书的框架简洁，基本结构由项目、任务和思考与练习3部分构成，按汽车电气系统的功能分类全书共设8个项目，每个项目中设有若干任务，每个任务包含相关知识和任务实施两部分，每个项目后设适量的思考与练习题。

（2）本书的内容选取充分考虑当前中职学生的学习能力，以"够用"为原则。

（3）书中的实践知识与理论相随，任务实施具有易操作性和引导性，易于实现一体化教学。

（4）书中图文并茂，语言简练，通俗易懂，易于学生阅读理解。

全书由江苏省徐州技师学院陆广华任主编，孙宜忠、陈文杰任副主编。其中，陆广华编写了项目七、项目八，孙宜忠编写了项目二、项目六，宋朋编写了项目三，田爱军编写了项目四，陈文杰编写了项目五和项目一。

为方便老师教学，本书配有全书PPT课件、习题册、试卷及答案等教学辅助资源，如有需要，请登录人民邮电出版社教学与服务资源网（www.ptpedu.com.cn）下载。

由于编者水平有限，书中错误之处在所难免，敬请读者批评指正。请联系编者，联系方式：lgh67_1126@163.com。

编者

2014 年 3 月

目录 CONTENTS

项目一 1 汽车电气设备基础

知识目标

◎ 掌握汽车电气设备的组成及其特点。

◎ 掌握汽车电气基础元件的作用。

能力目标

◎ 能正确识别汽车上的电气设备。

◎ 正确使用检测工具及仪器。

◎ 会检测汽车电气的基础元件。

任务1 汽车电气设备组成

 相关知识

一、汽车电气设备的组成

汽车电气设备是汽车的重要组成部分，其工作性能的优劣直接影响汽车的动力性、经济性、安全性、可靠性、舒适性和排气净化等，现代汽车上的电气设备种类和数量很多，总体上可分为电源和用电设备两大部分。

1. 电源

汽车上的电源包括蓄电池、发电机，如图1-1（a）、（b）所示。发电机是汽车上的主要电源，蓄电池是辅助电源。当发电机工作时，由发电机向全车用电设备供电，同时给蓄电池充电。蓄电池的作用是起动发动机时向起动机供电，同时，当发电机不工作时向用电设备供电。

(a) 蓄电池

(b) 发电机

图1-1　汽车上的电源

2．用电设备

（1）起动系统。如图 1-2 所示，起动系统包括起动机、起动继电器、点火开关及起动保护装置等，其作用是带动飞轮旋转，使发动机曲轴达到必要的起动转速让发动机着车。

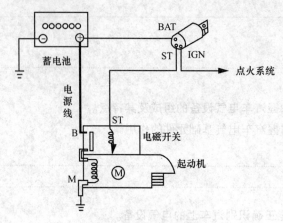

图 1-2　汽车起动系统组成

（2）点火系统。如图 1-3 所示，点火系统包括蓄电池、点火线圈、分电器、点火开关、火花塞等，其作用是将低压电转化为高压电，根据做功顺序使火花塞点燃汽缸内的可燃混合气。

（3）照明和信号系统。照明系统包括车内外各种照明灯，由前照灯、雾灯、示宽灯等组成，其作用是确保车辆内外一定范围内合适的亮度；信号系统包括电喇叭、转向灯、倒车灯、制动灯等，其作用是告示行人、车辆引起注意，提供安全行车所必需的信号，图 1-4 所示为汽车前照灯、左前转向灯、示宽灯的组合。

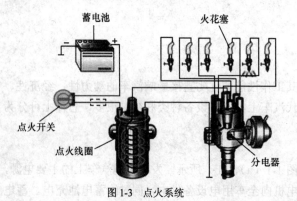

图 1-3　点火系统　　　　　　　　　　图 1-4　汽车前照灯组合

（4）仪表和报警系统。图 1-5 所示为汽车组合仪表，汽车仪表包括发动机转速表、车速里程表、燃油表、水温表、电压表、机油压力表等；报警系统包括各种报警指示灯及控制器。汽车仪表和报警系统的作用是显示汽车运行参数、交通信息、报警运行性机械故障等，确保行车、停车的安全可靠。

（5）辅助电气系统。辅助电气系统包括电动刮水器、风窗洗涤器、空调、中控门锁、电动车窗和电动座椅等。其作用是提高车辆安全性、舒适性、经济性。如图 1-6（a）、（b）所示。

图 1-5　汽车仪表

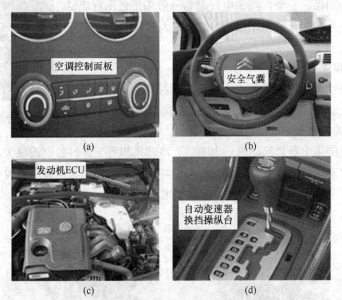

(a) 车门上的中控锁　　　　　　(b) 前风窗玻璃刮水器

图 1-6　汽车上的辅助电器

（6）电子控制装置。电子控制装置有电子控制燃油喷射装置、安全气囊、自动变速器、巡航控制系统、防抱死制动装置等。图 1-7 所示为汽车上的电子控制装置。

空调控制面板

(a)

安全气囊

(b)

发动机ECU

(c)

自动变速器
换挡操纵台

(d)

图 1-7　汽车上的电子控制装置

二、汽车电气的特点

汽车的种类很多，各种汽车电气设备的数量不等，其安装位置、接线方法也各有差异，但不论是进口汽车还是国产汽车，其电气电路的设计一般都遵循相似的规律。了解了这些特点，对我们了解汽车电气有很大的帮助。

1．两个电源

两个电源是指蓄电池和发电机。前者在发动机未运转时可以向有关用电设备供电，后者在发动机运转到一定转速后取代蓄电池向有关用电设备供电，同时，也对蓄电池进行充电。两者互补，可以有效地使用电设备在不同的情况下都能正常地工作，同时，也延长了蓄电池的使用寿命。

2．单线制

单线制就是利用汽车发动机、底盘、车身等金属机件作为各种电气设备的共用连线（俗称搭铁），而用电设备到电源只需另设一根导线。任何一个电路中的电流都是从电源的正极出发，经导线流入用电设备后，由搭铁的负极通过金属车架流回电源负极而构成回路。采用单线制不仅可以节省材料（铜导线），使电路简化，而且也便于安装、检修，同时也使故障率大大降低。

3．电源负极搭铁

负极搭铁就是将蓄电池的负极用蓄电池搭铁线连接到发动机或底盘等金属体上。我国汽车电气设备基本技术条件行业标准（QCT413—2002）规定，发电机、蓄电池必须以负极搭铁。目前，世界各国生产的汽车也大多采用负极搭铁方式。

采用负极搭铁方式的好处是，由于电化学的作用，不仅使汽车车架和车身均不易锈蚀，而且汽车电气对无线电设备（例如汽车音响、通信系统等）的干扰也较电源正极搭铁方式小。

4．用电设备并联

用电设备并联是指汽车上的各种用电设备都采用并联方式与电源连接，每个用电设备都由各自串联在其支路中的专用开关控制，互不产生干扰。

5．低压直流供电

为了简化结构和保证安全，汽车电气设备一般采用低压直流供电。汽油车大多采用 12V 直流电压供电，柴油车大多采用 24V 直流电电压供电。

6．安装保险装置

为了防止电路或元器件因搭铁或短路而烧坏线束和用电设备，汽车上均安装安全装置。图 1-8 所示为汽车上的熔丝。

图 1-8　汽车熔丝

7．大电流开关通常加中间继电器

汽车中大电流的用电器如起动机、电喇叭、冷却风扇等工作时的电流很大，如果直接用开关控制它们的工作状态，往往会使控制开关过早损坏。因此，控制大电流用电设备的开关常采用加装中间继电器的方法，图 1-9 所示为汽车起动继电器。

(a) 带起动保护

(b) 不带起动保护

图 1-9　起动继电器

8．具有充放电指示

汽车上蓄电池的充电、放电情况一般都用指示灯指示。发动机未起动或低速运转时充电指示灯点亮，一旦发动机运转带动发电机转速超过 1000r/min 以上时，充电指示灯熄灭，以示处于充电状态。

9．汽车电路上的导线颜色和编号特征

随着汽车用电设备的增加，导线数目也在不断增多，为便于识别和检修汽车电气设备，电路中的低压线通常由不同的颜色组成，并在汽车电气线路图上用表示颜色的字母代号标注出来。

任务实施

汽车电气设备的认识

一、实施前的准备

1．工具、仪器

汽车常用工具（备用）、汽车三件套等。

2．设备、材料

实训车辆、记录本、记录笔、举升机等。

二、实施方法

1．认识汽车上的常用电气设备及其在汽车上的布置

汽车上的电气设备在汽车上的布置因车型而异，但有一定的规律性，图 1-10 所示为汽车电气设备在汽车上的分布。由图 1-10 可知，汽车的电源系统、起动系统、点火系统、空调系统的主要部件大都安装在发动机机舱内，仪表系统安装在驾驶室内，照明系统、信号系统安装在汽车车身前后部位，电动玻璃升降器、中央控制门锁安装在车门，风窗刮水器安装在前风窗玻璃下方，电动后视镜、电动天窗等安装在车身上。

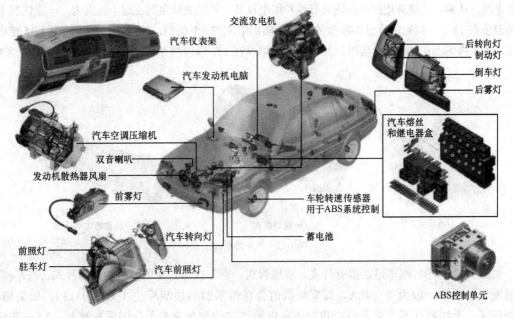

图 1-10　汽车电气设备在汽车上的布置

2. 根据实训车辆，指认以下汽车电气的位置

汽车上的蓄电池、发电机、起动机、空调压缩机、刮水电动机、风窗洗涤液电动泵、汽车的前照灯、转向灯、倒车灯、制动灯、雾灯、示宽灯。

任务2　汽车电气设备常用元件及符号

相关知识

一、保险装置

汽车上的保险装置主要有：熔断器、易熔线和断路器。

1. 熔断器

熔断器也叫保险丝，其电路符号和实物如图 1-11 所示。

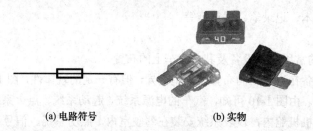

(a) 电路符号　　　　　　　(b) 实物

图 1-11　熔断器

熔断器在电路中起保护作用。当电路中流过超过规定的电流时，熔断器中的熔丝因发热而熔断，切断电路，从而防止烧坏电路中的连接导线和用电设备，并把故障限制在最小范围内。一般情况下，环境温度在 18℃～32℃，流过熔断器的电流为额定电流的 1.1 倍时，熔丝不熔断；达到 1.35 倍时，熔丝在 60s 内熔断；达到 1.5 倍时，20A 以内的熔丝在 15s 以内熔断，30A 的熔丝在 30s 以内熔断。

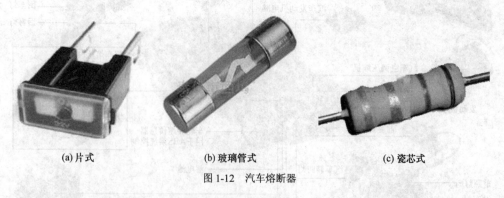

(a) 片式　　　　　　　(b) 玻璃管式　　　　　　　(c) 瓷芯式

图 1-12　汽车熔断器

如图 1-12 所示，汽车熔断器有片式、玻璃管式、瓷芯式等，使用最多的是插片式，汽车插片式熔断器的规格一般为 2～40A，其安培数值会在熔断器的顶端标注（见图 1-13）。如果熔断器烧坏了，无法辨认其安培数值，我们还可以通过它的颜色来判断，国际标准是：2A—灰色、3A—紫色、4A—粉色、5A—橘黄、7.5A—咖啡色、10A—红色、15A—蓝色、20A—黄色、

25A—无色透明、30A—绿色、40A—深橘色。

　　熔断器一般安装在仪表盘附近或发动机罩下面的熔断器盒内，常与继电器组装在一起，构成全车电路的中央接线盒，如图 1-14 所示。

图 1-13　熔断器

图 1-14　中央继电器盒

熔断器在使用中应注意以下几点。

（1）熔断器熔断后，必须找到真正的故障原因，彻底排除故障。

（2）更换熔断器时，一定要与原规格相同。

（3）熔断器支架与熔断器接触不良会产生电压降和发热现象，安装时要保证其良好接触。

2. 易熔线

易熔线是一种大容量的熔断器，用于保护电源电路和大电流电路。电路符号及实物如图 1-15 所示。

(a) 电路符号　　　　　　　　　　　　　　(b) 实物

图 1-15　易熔线

国产易熔线的规格见表 1-1。

表 1-1　　　　　　　　　　　　　国产易熔线的规格

标称容量/A	截面积/mm²	额定电流/A	5s 熔断电流/A	颜　色
20	0.3	13	150	棕
40	0.5	20	200	绿
60	0.85	25	250	红
80	1.25	33	300	黑

易熔线在使用中应注意以下几点。

（1）绝对不允许换用比规定容量大的易熔线。

（2）易熔线熔断，可能是主要电路发生短路，因此需要仔细检查，彻底排除隐患。

（3）不能和其他导线绞合在一起。

3. 断路器

　　如图 1-16 所示，断路器在电路中用于防止有害的过载（额外的电流）。断路器一般为双金属片式，它利用两种不同金属（双金属）的热效应断开电路。如果额外的电流经过双金属带，双金属带弯曲，触点开路，阻止电流通过。当电路断路器冷却时，触点再次闭合，电路导通。当无电流时，双金属带冷却而使电路重新闭合，电路断路器复位。

二、继电器

一般情况下，汽车上使用的操纵开关的触点容量较小，不能直接控制工作电流较大的用电设备，常采用继电器来控制它的接通与断开。继电器可以实现自动接通或切断一对或多对触点，完成用小电流控制大电流，可以减小控制开关的电流负荷，保护电路中的控制开关。如进气预热继电器、空调继电器、喇叭继电器、雾灯继电器、中间继电器等。图 1-17 所示为四爪喇叭继电器。

| (a) 结构图 | (b) 实物图 | (a) | (b) |
| 图 1-16　断路器 | | 图 1-17　喇叭继电器 | |

汽车上的继电器有很多种，按用途分有闪光继电器、刮水继电器、喇叭继电器等；按控制方式分有电流型（如闪光继电器等）和电压型（如灯光继电器和喇叭继电器等）；按触点状态分有（见表 1-2）常开继电器、常闭继电器和混合型继电器 3 类。继电器的每个插脚都有标号，与中央接线盒正面板的继电器插座的插孔标号相对应，见表 1-3。

表 1-2　继电器的种类

	常开继电器	常闭继电器	混合型继电器
正常 （通常） 状态	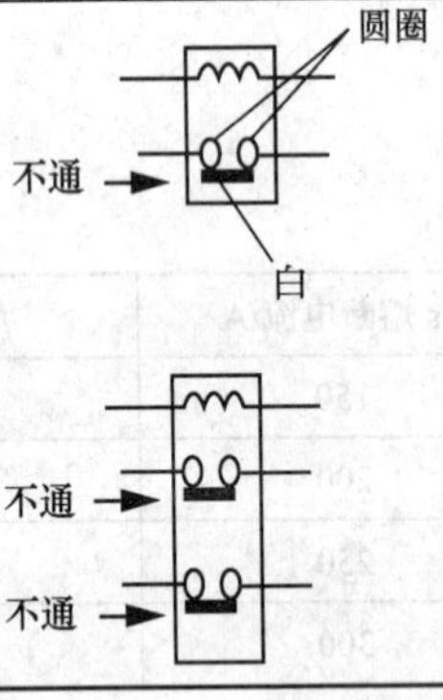 圆圈 / 不通 / 白	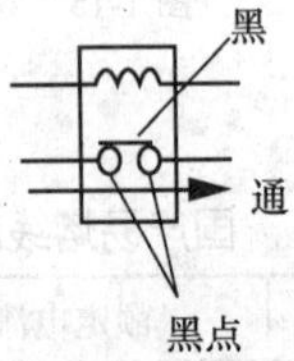 黑 / 通 / 黑点	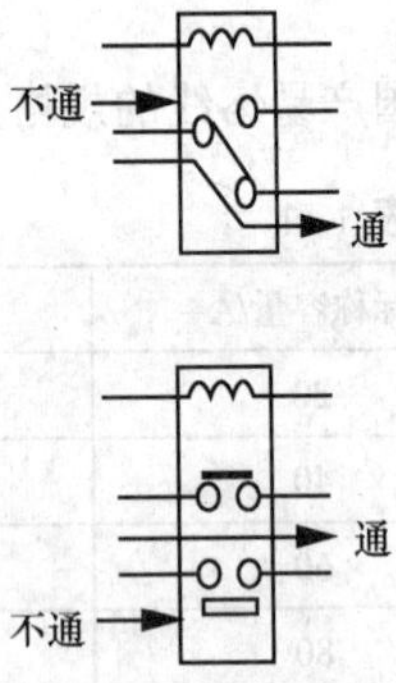 不通 / 通
	不通 / 不通		通 / 不通

表 1-3　常见继电器外形及引脚和内部原理

类　型	常　开　型	常　闭　型	混　合　型
实物			

续表

类型	常开型	常闭型	混合型
引脚标号	87 85　86 30	87a 85　86 30	87 87a 85　86 30
内部原理	30——87 85——86	30——87a 85——86	30——87a ——87 85——86

三、开关

汽车电气开关有组合开关和单体开关，现代小汽车多采用组合开关，用于提高汽车的性能和乘坐舒适性，若采用较多的单体开关，汽车内部布置会很乱，因此，现代汽车将很多功能相近的控制系统的开关组合在一起，如灯光系统组合开关、音响组合开关、空调组合开关、风窗刮水器开关、中控锁组合开关等，如图 1-18 所示。

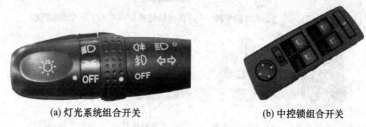

(a) 灯光系统组合开关　　　　(b) 中控锁组合开关

图 1-18　组合开关

开关在电路图中的表示方法有结构图表示法、表格表示法和图形符号表示法等。图 1-19 所示为电路中点火开关的表示方法。

点火开关［见图 1-19（a）］一般有 4 个挡位：锁住转向盘转轴（LOCK 挡）、接通仪表指示灯（ON 或 IG 挡）、起动发动机（ST 或 START 挡）、给附件供电（ACC 挡，主要是收放机、点烟器）。其中，在起动挡工作时消耗电流很大，开关不宜接通过久，所以这个挡位在操作时必须用手克服弹簧力，扳住钥匙，一松手就弹回点火挡，不能自行定位，其他各挡位均可自行定位。

点火开关各挡位下的触点通断情况如图 1-19（b）所示。

四、插接器

插接器就是通常所说的插头与插座，用于线束与线束或导线与导线间的相互连接。为了防止插接器在汽车行驶中脱开，所有的插接器均采用闭锁装置。

按插接线的数目分，插接器有单线、双线、三线、四线等，图 1-20 所示为几种常见的插接器。

插接器的符号和实物如图 1-21 所示，符号涂黑的表示插头，白色的表示插座，带倒角的表示针式插头。

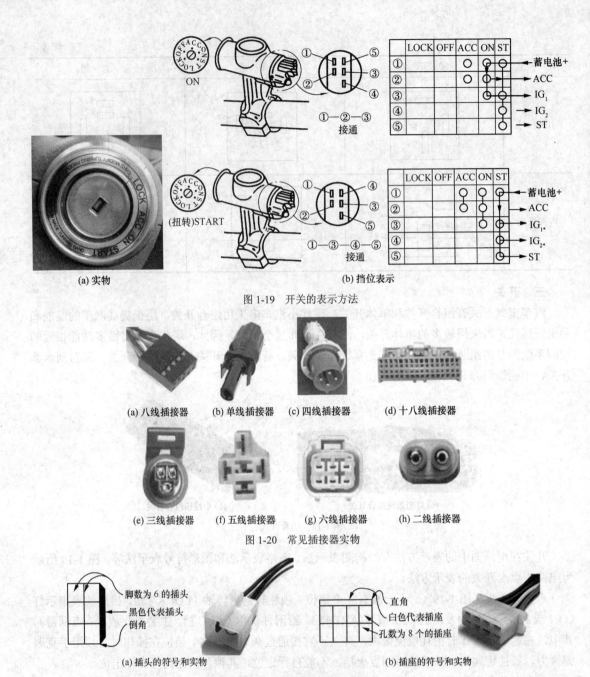

图 1-19 开关的表示方法

图 1-20 常见插接器实物

图 1-21 插接器的符号和实物

要拆开插接器时，首先要解除闭锁（见图 1-22），然后把插接器拉开，不允许在未解除闭锁的情况下用力拉导线，这样会损坏闭锁装置或导线。有些插接器用钢丝扣锁止，取下钢丝扣后，才能将插接器拔开。在插接器端子有接触不良或断线故障时，可将插接器分解，用小平口螺丝刀或专用工具，从壳体中取出导线及端子，进行修理或更换。

五、导线

汽车电气系统的导线有低压线和高压线两种。低压线又有普通线、起动电缆和控制电缆之分；高压线又有铜芯线和阻尼线之分。

1．低压导线

（1）导线的截面积。普通低压导线为铜质多丝导线，如图 1-23 所示。导线的截面主要根据用电设备的电流进行选择，但截面太小，机械强度差，易折断。一般汽车电气导线截面积不小于 $0.5mm^2$。各种低压导线标称截面积允许的负载电流见表 1-4。

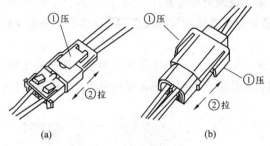

图 1-22　插接器的拆卸

图 1-23　汽车低压导线

表 1-4　　　　低压导线标称截面积允许的负载电流值

导线标称截面积/mm²	1.0	1.5	2.5	3.0	4.0	6.0	10	13
允许电流值/A	11	14	20	22	25	35	50	60

汽车 12V 电气主要线路导线标称截面积选择的推荐值见表 1-5。

表 1-5　　　　12V 电气主要线路导线标称截面积选择的推荐值

汽车类型	面积（mm²）	用途
轿车 货车 挂车	0.5	后灯、顶灯、指示灯、仪表灯、牌照灯、燃油表、刮水器电机
	0.8	转向灯、制动灯、驻车灯、分电器
	1.0	前照灯的单线（不接安全器）、电喇叭（3A 以下）
	1.5	前照灯的电线束（接安全器）、电喇叭（3A 以上）
	1.5～4	其他连接导线
	4～6	电热塞
	4～25	电源线
	16～95	起动机电缆

（2）导线的颜色。为便于安装和检修，汽车采用双色导线，主色为基础色，辅色为环布导线的条色带或螺旋色带，标注时主色在前，辅色在后。以双色为基础选用时，各用电系统的电源线为单色，其余为双色，双色线的主色见表 1-6。

表 1-6　　　　汽车电器各系统导线颜色代号

系统名称	电线主色	代号	系统名称	电线主色	代号
电气装置接地线	黑	B	仪表、报警指示和喇叭系统	棕	Br
点火起动系统	白	W	前照灯、雾灯等外部照明系统	蓝	Bl
电源系统	红	R	各种辅助电器及操纵系统	灰	Gr
灯光信号系统	绿	G	收放音机、点烟器等系统	紫	V
车身内部照明系统	黄	Y			

（3）线束。汽车上的全车线路除高压线、蓄电池电缆和起动机电缆外，一般将同区域的不同

规格的导线用棉纱或薄聚氯乙烯带缠绕包扎成束，称为线束，如图 1-24 所示。

线束安装与检修的注意事项。

① 线束应用卡簧或绊钉固定，以免松动磨坏。

② 线束不可拉得过紧，尤其是在拐弯处，在绕过锐角或穿过金属孔时，应用橡皮或套管保护，否则容易磨坏线束而发生短路、搭铁，以至于烧毁全车线束。

③ 连接电器时，应根据插接器的规格及导线或插接头的颜色，分别接于电器上并插接到位。

2．高压导线

高压导线使用于汽车点火线圈至火花塞之间的电路，高压导线分为普通铜芯高压导线和高压阻尼点火导线，带阻尼的高压导线可抑制和衰减点火系产生的高频电磁波，降低对电控装置和无线设备的干扰，高压导线如图 1-25 所示。

图 1-24　汽车线束

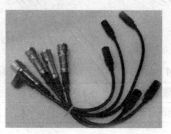

图 1-25　汽车高压导线

六、中央接线盒

中央接线盒也称中央配电盒，配电盒内集中安装了熔断器、短路保护器和继电器。图 1-26 所示为桑塔纳中央接线盒正面图。

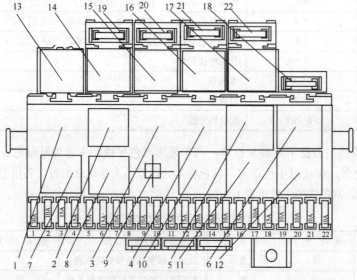

图 1-26　桑塔纳中央接线盒正面

1—空位；2—进气歧管预热继电器；3、4、11—空位；5—空调组合继电器；6—喇叭继电器；7—雾灯继电器；

8—卸荷继电器；9—拆卸保险丝专用工具；10—刮水及清洗继电器；12—转向继电器；13—冷却风扇继电器；

14、15—摇窗机继电器；16—内部照明继电器；17—冷却液指示继电器；18—后雾灯保险丝；

19—过热保护器；20—空调保险丝；21—自动天线保险丝；22—电动后视镜保险丝

中央配电盒上的保险丝用途见表 1-7。

表 1-7　　　　　　　桑塔纳中央线配电盒上的保险丝（单位：A）

编号	名　称	额定电流	编号	名　称	额定电流
1	散热器风扇	30	15	倒车灯、车速传感器	10
2	制动灯	10	16	进气预热器温控开关、怠速切断电磁阀	15
3	点烟器、收音机、钟、车内灯、中央集控门锁	15	17	双音喇叭	10
4	危险报警闪光灯	15	18	驻车制动	15
5	燃油泵	15	19	转向灯	10
6	前雾灯	15	20	牌照灯、杂物箱照明灯	10
7	尾灯和停车灯（左）	10	21	前照灯近光（左）	10
8	尾灯和停车灯（右）	10	22	前照灯近光（右）	10
9	前照灯远光（右）	10	23	后雾灯	10
10	前照灯远光（左）	10	24	空调	30
11	前风窗刮水器及清洗器	15	25	自动天线	10
12	电动摇窗机	15	26	电动后视镜	3
13	后风窗加热器	20	27	ECU	10
14	鼓风机	20			

注：保险丝 23～27 为桑塔纳 2000GSi 型轿车的编号，插在中央线路板的旁边。

桑塔纳中央配电盒反面如图 1-27 所示。

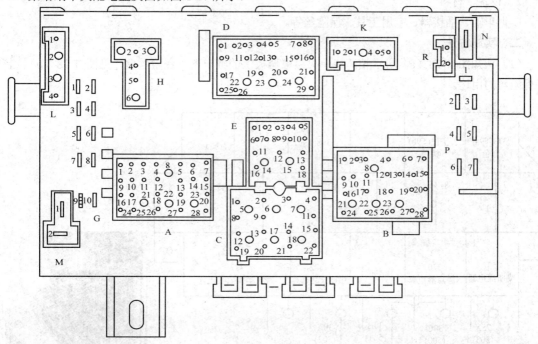

(a) 反面结构示意图

图 1-27　桑塔纳中央配电盒反面插座布置

(b) 中央配电盒实物

图 1-27 桑塔纳中央配电盒反面插座布置（续）

桑塔纳配电盒反面分为 A、B、C、D、E 等 13 个区域，其中：A 用于仪表板线束，插件颜色为蓝色；B 用于连接仪表板线束，插件颜色为红色；C 用于连接发动机室左边线束，插件颜色为黄色；D 用于连接发动机右边线束，插件颜色为白色；E 用于连接车辆后部线束，插件颜色为黑色；G 用于连接单个插头，H 用于连接空调装置的线束，插件颜色为棕色；K、M、R 为空位；L 用于连接喇叭线束，插件颜色为灰色；N 用于单个插头；P 用于单个插头（用于 30 火线）。

任务实施

汽车电气元件的认识及插接器的拆检

一、实施前的准备

1．工具、仪器

汽车万用表、汽车常用电工工具、汽车三件套等。

2．设备、材料

实训车辆、插接器、专用工具、保险丝等。

二、实施方法

（1）认知图 1-28（a）所示帕萨特中央继电器板上的继电器、保险丝盒 [见图 1-28（b）] 上各保险丝的用途。

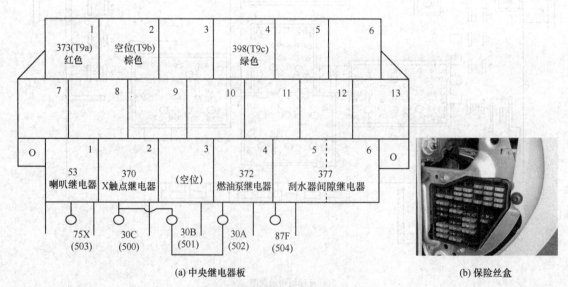

(a) 中央继电器板

(b) 保险丝盒

图 1-28 帕萨特中央电器板和保险丝盒

（2）认知桑塔纳 2000GSi 型轿车上的各种开关、高压导线、低压导线、线束及插接器。

（3）插接器拆装及检查。

如图 1-29 所示，使用专用工具将插接器的插头和插座分开，然后再将导线和插接器端子从插接器的插头、插座中取出来，检查端子与导线之间的连接状况、端子的表面质量后，再把它们组装起来。

图 1-29　线束插接器

任务3　汽车电气常用检测工具与仪器

相关知识

一、试灯

汽车电路的检测试灯有无源试灯和有源试灯两种。

1. 无源试灯

无源试灯就是在一段导线中连接一个 12V 灯泡（或发光二极管），如图 1-30 所示。当试灯一端搭铁，另一端接触到带电的导体时，灯泡就会点亮。它不能像电压表那样能显示出被检电路点的电压，只能显示是否有电压（见图 1-31）。

图 1-30　无源试灯

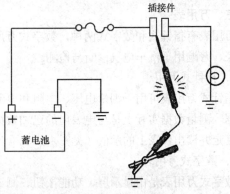

图 1-31　无源试灯的使用

警告　不允许使用试灯检测计算机控制电路，容易烧坏电脑的内部控制电路。

2. 有源试灯

有源试灯同无源示灯类似，只是自带一个电池电源，连接到一条导线的两端上时，试灯内灯泡点亮，可用于测试线路的通、断，如图 1-32 所示。不能用有源示灯测试带电电路，否则会损坏试灯。

二、跨接线

跨接线可作为故障诊断的辅助工具，用于跨过某段被怀疑已断开的导线，而直接向某一部件提供电的通路，如图 1-33（a）所示。也可用于不依赖于电路中的开关或导线而向电路中加上电池电压，如图 1-33（b）所示。

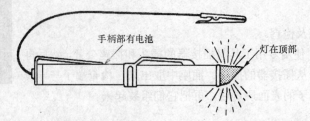

手柄部有电池

灯在顶部

图 1-32　有源试灯

注意

切勿将跨接线直接跨接在蓄电池的两端或蓄电池正极和搭铁之间。

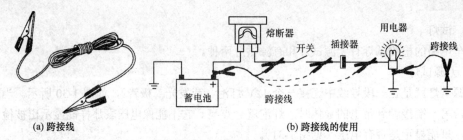

熔断器　　用电器　　跨接线

开关　插接器

蓄电池　　　　　跨接线

(a) 跨接线　　　　　　　　　　　　(b) 跨接线的使用

图 1-33　跨接线

三、万用表

万用表有指针式和数字式两种，数字式万用表具有测试精确的电子电路，准确度超过指针式万用表，普遍用于汽车电气诊断与检测。

1. 指针式万用表

指针式万用表可用于测量电压、电阻和电流。指针式万用表是利用摆动的弹簧指针来显示所测数据，测量数据实际上是与电表内的已知数据相对照，并反映在表盘上，使用者要按设定的量程，判定并读出仪表上的示值（见图 1-34）。

2. 数字式万用表

数字式万用表是由显示屏、功能按钮、测试项目选择开关、温度测量插孔、公用插孔（用于测量电压、电阻、频率、闭合角、频宽比和转速等）、搭铁插孔、电流测量插孔、测试探针（或大电流钳）等全部或部分构成，数字式万用表在选定要测试的项目和量程后接入被测对象，在显示屏上可直接显示测量结果（见图 1-35）。

图 1-34　指针式万用表

图 1-35　数字式万用表

四、汽车故障诊断仪

汽车故障诊断仪通过数据通信线获得汽车控制电脑的实时数据参数，包括实时运行参数、故障信息等。

汽车故障诊断仪有通用型汽车故障诊断仪和专用型汽车故障诊断仪两种。

1. 通用诊断仪

通用诊断仪如图 1-36 所示。目前市场上，通用型汽车故障诊断仪以国产为主，比较知名的品牌有元征、金德、金奔腾等，提供的功能大同小异。国外有 BOSCH 和 SPX-OTC，但价格较贵，而且对国产车支持严重不足。通用诊断仪的主要功能有：控制电脑版本的识别、故障码的读取和清除、动态数据参数显示、传感器和部分执行器的功能测试与调整、某些特殊参数的设定、维修资料及故障诊断提示、路试记录等。通用诊断仪可测试的车型较

图 1-36　通用诊断仪

多，使用范围较宽，但它与专用诊断仪相比，无法完成某些特殊功能。

2. 专用诊断仪

专用型汽车故障诊断仪就是针对某一特定汽车生产厂家开发的诊断仪，如美国 SPX 公司开发的通用汽车的 TECH-2 型、福特的 WDS 型，西门子公司开发的大众 VAG5051/5052 型。专用诊断仪除具有通用诊断仪的功能之外，还能完成某些特殊功能，诊断的内容更深、更完善，包括具有与厂家远程通信、实时更新的功能，如图 1-37（a）、（b）所示。

(a) 大众 VAG1552 诊断仪　　　　(b) 大众 VAG5051 诊断仪

图 1-37　专用诊断仪

五、汽车示波器

常见的汽车专用示波器，按功能一般可分为专用型示波器和综合型示波器两种。

1. 专用型示波器

图 1-38（a）所示为便携式专用示波器，图 1-38（b）所示为手持式专用示波器。专用型示波器的专用性比较强，可以精确地显示各种变化的波形，如点火初级和次级波形、各种传感器的输入输出电压波形、各种执行器的电流或电压波形、脉冲宽度和占空比等。其缺点是功能单一。

2. 综合型示波器

综合型示波器除具有专用型示波器的一般功能外，通常还具有读取与消除故障码功能和动态数据分析功能等，部分诊断仪还具有发动机动力性能测试功能等。其缺点是系统稳定性及精度略低，如图 1-39 所示。

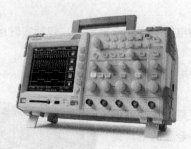
(a) 便携式

(b) 手持式

图 1-38 汽车专用示波器

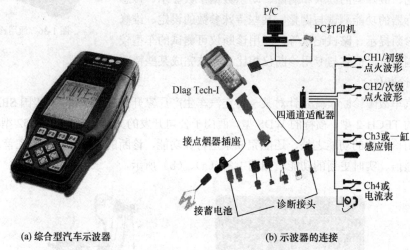

(a) 综合型汽车示波器　　　　　　(b) 示波器的连接

图 1-39 综合型汽车示波器

使用示波器时应注意的事项如下。

（1）测试点火高压线时，必须使用专用探头，不能将示波器探头直接接入点火次级电路。

（2）使用汽车专用示波器时，注意远离热源，如排气管、催化器等，温度过高会损坏仪器。

（3）汽车示波器在测试时，要注意尽量离开风扇叶片、皮带等转动部件。

（4）测试时，确认发动机罩支撑良好，防止发动机罩自动下降时伤及头部或示波器。

（5）路试时，不要将汽车专用示波器放在仪表台上方，最好是将其拿在手中进行测试。

> 任务实施

五脚继电器的检测

一、实施前的准备

1. 工具、仪器

汽车万用表。

2. 设备、材料

五脚继电器。

二、实施方法

（1）如图 1-40 所示，用万用表检测五脚继电器的好坏。

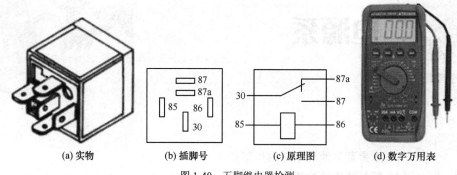

(a) 实物　　　　(b) 插脚号　　　　(c) 原理图　　　　(d) 数字万用表

图 1-40　五脚继电器检测

① 开路检测。如图 1-40 所示，选择数字式万用表 R×100Ω挡：如果 85 脚-86 脚相通，30 脚-87a 脚相通，30 脚-87 脚电阻为∞，则继电器正常，否则继电器损坏。

② 加电检测。在 85 脚、86 脚之间加 12V 电压，则 30 脚-87a 脚不通，30 脚-87 脚通，继电器为正常，否则继电器损坏。

（2）请在老师的指导下，练习使用综合型汽车故障诊断仪完成以下任务。

① 读取与清除实训车辆故障码。

② 汽车数据流的读取。

③ 基本电气动作测试。

④ 怠速匹配。

思 考 与 练 习

1. 请列举汽车上的电气设备，并指出其作用。

2. 汽车电气设备中都有哪些基础元件？

3. 汽车上的导线分为哪几种？

4. 简述汽车电气的特点。

5. 汽车电气基本检测工具有哪些？

6. 以四脚继电器为例，简述用万用表检测其好坏的方法。

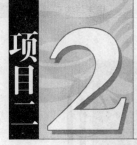

项目二 2 电源系

知识目标

◎ 掌握蓄电池基本结构和型号。
◎ 理解蓄电池的基本工作原理。
◎ 正确描述蓄电池的容量及影响因素。
◎ 掌握蓄电池的基本工作特性。
◎ 正确描述交流发电机的基本结构及主要部件的功能。
◎ 正确描述电压调节器的基本类型及基本工作原理。

能力目标

◎ 会对蓄电池技术状况进行检查和维护。
◎ 会对蓄电池充电。
◎ 会进行电源系统电路的连接。
◎ 会拆装发电机，熟练运用万用表检测发电机和调节器。
◎ 会诊断排除电源系统常见故障。

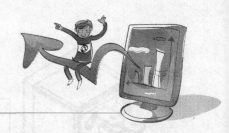

任务1 蓄电池的认知及维护

相关知识

蓄电池是汽车辅助电源，汽车起动时主要由蓄电池来供电，如果蓄电池出现故障，起动机将无法工作，直接影响汽车的运行。另外，蓄电池还担负着汽车发动机未工作时汽车用电设备的供电。

1．蓄电池的作用

蓄电池是一种可逆的低压直流电源，它既能将化学能转化为电能，也能将电能转换为化学能。蓄电池在整车上的位置，如图 2-1 所示。

蓄电池可分为碱性蓄电池和酸性蓄电池两大类，其主要目的是起动发动机，汽车上一般采用铅蓄电池。

汽车上装有蓄电池与发电机两个直流电源，全车用电设备均与直流电源并联连接，其电路图如图 2-2 所示。

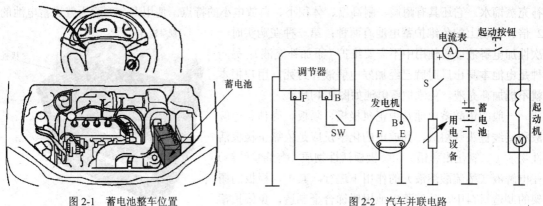

图 2-1 蓄电池整车位置　　　　　　　　图 2-2 汽车并联电路

蓄电池的作用包含以下几点。

（1）发动机起动时，向起动机和点火系统供电。

（2）发动机低速运转时，向用电设备和发电机磁场绕组供电。

（3）发动机中、高速运转时，将发电机剩余电能转化为化学能储存起来。

（4）发电机过载时，协助发电机向用电设备供电。

（5）蓄电池相当于一个大电容器，能吸收电路中出现的瞬时过电压，保护电子元件，保持汽车电气系统电压稳定。

2．蓄电池的基本结构

铅蓄电池主要由正负极板、隔板、电解液、外壳、汇流条、正负极柱、蓄电池盖及加液孔盖等部分组成（见图 2-3）。额定电压 12V 的蓄电池由 6 个单格电池串联而成，每个单格电池的额定电压为 2V。

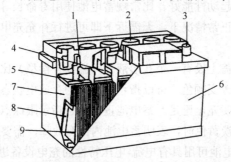

图 2-3 蓄电池结构示意

1—负极柱；2—加液孔盖；3—正极柱；4—穿壁连接；5—汇流条；6—外壳；

7—负极板；8—隔板；9—正极板

3．蓄电池的工作原理

蓄电池充放电过程就是化学能与电能相互转化的过程。当蓄电池向外供电时，将化学能转化为电能；而当蓄电池与外部直流电源相连进行充电时，将电能转化为化学能。其电化学反应是可逆反应，可用如下总的反应方程式表示。

$$PbO_2 + 2H_2SO_4 + Pb \underset{充电}{\overset{放电}{\rightleftharpoons}} 2PbSO_4 + 2H_2O \qquad (2\text{-}1)$$

4．免维护蓄电池介绍

免维护蓄电池由于其自身结构上的优势，电解液的消耗量非常小，在使用寿命内基本不需要

补充蒸馏水。它还具有耐震、耐高温、体积小、自放电小的特点。使用寿命一般为普通蓄电池的
2 倍。市场上的免维护蓄电池有两种：第一种在购买时一次性加电解液以后使用中不需要维护（添加补充液）；另一种是电池本身出厂时就已经加好电解液并封死，用户根本就不能加补充液。免维护蓄电池如图 2-4 所示。

图 2-4　免维护蓄电池

一般的铅酸蓄电池是由正负极板、隔板、壳体、电解液和接线柱头等组成，其放电的化学反应是依靠正极板活性物质（二氧化铅和铅）和负极板活性物质（海绵状纯铅）在电解液（稀硫酸溶液）的作用下进行。其中，极板的栅架的制造材料中，传统蓄电池用铅锑合金制造，免维护蓄电池是用铅钙合金制造，前者用锑，后者用钙，这是两者的根本区别点。不同的材料就会产生不同的现象：传统蓄电池在使用过程中会发生减液现象，这是因为栅架上的锑会污染负极板上的海绵状纯铅，减弱了完全充电后蓄电池内的反电动势，造成水的过度分解，大量氧气和氢气分别从正负极板上逸出，使电解液减少。用钙代替锑，就可以改变完全充电后的蓄电池的反电动势，减少过充电流，使液体气化速度降低，从而降低了电解液的损失。

由于免维护蓄电池采用铅钙合金栅架，充电时产生的水分解量少，水分蒸发量低，加上外壳采用密封结构，释放出来的硫酸气体也很少，所以它与传统蓄电池相比，具有无需添加任何液体，对接线柱头、电线腐蚀小，抗过充电能力强，启动电流大，电量储存时间长等优点。

免维护蓄电池因其在正常充电电压下，电解液仅产生少量的气体，极板有很强的抗过充电能力，而且具有内阻小、低温起动性能好、比常规蓄电池使用寿命长等特点，因而在整个使用期间无需添加蒸馏水，在充电系正常情况下，无需拆下即可进行补充充电。但在保养时，应对其电解液的相对密度进行检查。

大多数免维护蓄电池在盖上设有一个孔形液体（温度补偿型）比重计，又称观察镜，它会根据电解液相对密度的变化而改变颜色。可以指示蓄电池的存放电状态和电解液液位的高度。当比重计的指示眼呈绿色时，表明充电已足，蓄电池正常；当指示眼绿点很少或为黑色时，表明蓄电池需要充电；当指示眼显示淡黄色时，表明蓄电池内部有故障，需要修理或进行更换。

有条件时，对免维护蓄电池可用具有电流-电压特性的充电设备进行充电。该设备既可保证充足电，又可避免过充电而消耗较多的水。

一般这类免维护电池从出厂到使用可以存放 10 个月，其电压与电容量保持不变，质量差的在出厂后的 3 个月左右，电压和电容量就会下降。在购买时，选择生产日期在 3 个月前的，当场就可以检查电池的电压和电容量是否达到说明书的要求。若电压和电容量都有下降的情况，则说明它里面的材质不好，那么电池的质量肯定也不好，有可能是加水电池经过经销商充电后伪装而成的。

任务实施

蓄电池的维护与检修

一、实施前的准备

1. 工具、仪器

数字万用表、汽车常用维修工具、汽车常用电工工具等。

2．设备、材料

汽车蓄电池、放电计、密度计、毛刷、砂纸、凡士林等。

二、实施方法

（一）蓄电池的维护

（1）保持蓄电池外表面的清洁、干燥，及时清除极柱和电缆卡子上的氧化物，并确定蓄电池极柱上的电缆连接牢固。

清洗蓄电池时，最好从车上拆下蓄电池，用苏打水溶液冲洗整个壳体［见图 2-5（a）］，然后用清水冲洗蓄电池并用纸巾擦干。对蓄电池托架，可先用刮腻子刀刮净厚的腐蚀物，然后用苏打水溶液清洗托架［见图 2-5（b）］，之后用水冲洗并干燥。托架干燥后，涂上防腐漆。

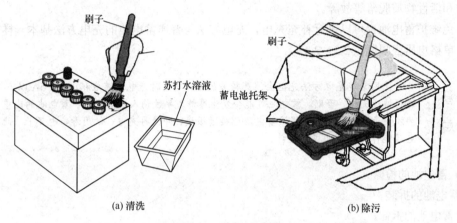

(a) 清洗　　　　　　　　　　　　　　　　(b) 除污

图 2-5　蓄电池的清洁

对极柱和电缆卡子，可先用苏打水溶液清洗，再用专用清洁工具进行清洁，如图 2-6 所示。清洗后，在电缆卡子上涂上凡士林或润滑油防止腐蚀。

 注意

清洗蓄电池之前，要拧紧加液孔盖，防止苏打水进入蓄电池内部。

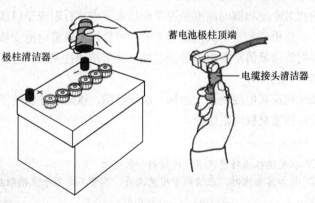

图 2-6　极桩和电缆卡子的清洁

（2）保持加液孔盖上通气孔的畅通，定期疏通。

（3）定期检查并调整电解液液面高度，液面不足时，应补加蒸馏水。

（4）汽车每行驶 1000km 或夏季行驶 5 天～6 天，冬季行驶 10 天～15 天，应用密度计或高率放电计检查一次蓄电池的放电程度。当冬季放电超过 25%、夏季放电超过 50% 时，应及时将蓄电池从车上拆下，进行补充充电。

（5）根据季节和地区的变化及时调整电解液的密度。冬季可加入适量的密度为 1.40g/cm^3 的电解液，以调高电解液的密度（一般比夏季高 0.02～0.04g/cm^3 为宜）。

（6）冬季向蓄电池内补加蒸馏水时，必须在蓄电池充电前进行，以免水和电解液混合不均而引起结冰。

（7）冬季蓄电池应经常保持在充足电的状态，以防电解液密度降低而结冰，引起外壳破裂、极板弯曲和活性物质脱落等故障。

（8）免维护蓄电池也可以进行补充充电，充电方法与普通蓄电池的充电方法基本一样。充电时，每个单格电压应限制在 2.3～2.4V。

使用常规充电方法充电会消耗较多的水，充电时充电电流应稍小些（5A 以下）。不能进行快速充电，否则，蓄电池可能会发生爆炸，导致伤人。当免维护蓄电池的比重计显示为淡黄色或红色时，说明该蓄电池已接近报废，即使再充电，使用寿命也不长。此时的充电只能作为救急的权宜之计。

（二）蓄电池的检修

1. 蓄电池的拆装

（1）蓄电池的拆卸。

① 将点火开关置于"断开（OFF）"位置。

② 拆下蓄电池固定夹板的固定螺栓，取下固定夹板。

③ 拧松蓄电池正、负极柱上的电缆接头固紧螺栓，取下电缆。

④ 从汽车上取下蓄电池，取下蓄电池时应小心轻放，尽量用蓄电池提把提取。

⑤ 检查蓄电池壳体上有无裂纹和电解液渗漏痕迹，发现裂纹和渗漏应更换蓄电池。

（2）蓄电池的安装步骤。

① 检查蓄电池型号、规格是否适合该型汽车使用。

② 检查电解液的相对密度和液面高度是否符合技术要求，否则应予以调整。

③ 按照蓄电池正、负极柱和正、负电缆端子的相对位置，将蓄电池安放到固定架上。

④ 用细砂纸或专用清洁器清洁蓄电池的接线柱及连接接线柱夹头；在螺栓、螺母的螺纹上涂凡士林或润滑脂，以防氧化生锈。

⑤ 在正、负极接线柱及其电缆端子上涂抹一层润滑脂，以防极柱和端子氧化腐蚀。

⑥ 安装固定夹板，拧紧夹板固定螺栓。

① 在发动机运转情况下，严禁拆卸蓄电池。
② 拆卸蓄电池时，应使用专用的工具，尽量不要用手直接触摸有酸液的部位。

2. 检查蓄电池电解液密度

电解液密度的大小，是判断蓄电池容量的重要标志。测量蓄电池电解液密度时，蓄电池应处于稳定状态。蓄电池充、放电或加注蒸馏水后，应静置 0.5h 后再测量。

蓄电池充电状态与密度的关系见表 2-1。

表 2-1		蓄电池充电状态与密度的关系			
充电状态/（%）	100	75	50	25	0
电解液相对密度 / （g/cm³）	1.27	1.23	1.19	1.15	1.11

用吸式密度计测量电解液密度，其测量过程如图 2-7 所示。测得的密度值应用标准温度（+25℃）予以校正（同时测量电解液温度）。

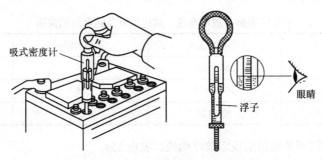

图 2-7 吸式密度计测量电解液密度

通过对各个单格电池电解液密度的测量，可以确定蓄电池是否失效，如图 2-8 所示。如果每个单格电池之间的密度相差 0.05g/cm³，则该电池失效。

3. 检测蓄电池电解液液面高度

（1）用玻璃管测量法，如图 2-9 所示。其工具采用内径为 3～5mm 的玻璃管。液面高度标准值为 10～15mm。

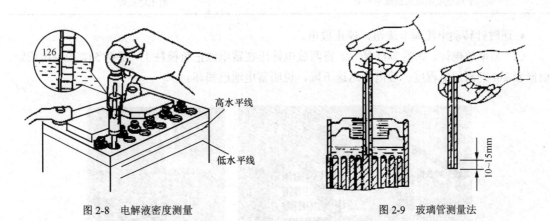

图 2-8 电解液密度测量　　　　　图 2-9 玻璃管测量法

（2）观察液面高度指示线法，如图 2-10 所示。正常液面高度应介于 max 与 min 两线之间，液面过低时，应加入蒸馏水补充，以恢复正确的液面高度。除非确知电解液溅出，否则，不允许添加硫酸溶液。

4. 模拟起动放电检修

对于技术状态良好的蓄电池，当以启动电流或规定的放电电流连续放电 15s 时，端电压应不低于规定值。

（1）蓄电池检测仪。

① 电流选择（见表2-2）。

② 操作步骤。

• 将"电流调节旋钮"逆时针旋转至切断放电电路。

• 将电流检测电缆上正（红）、负（黑）电源夹夹到蓄电池正、负极柱上。

• 将电压检测线上正（红）、负（黑）电源夹夹到蓄电池正、负极柱上。

图 2-10　液面高度指示线法

表 2-2　　　　　　　　蓄电池容量与放电电流、放电时间及端电压的关系

蓄电池容量/（A·h）	放电电流/A	放电时间/s	端电压/V
>100	200～300	15	10.2
50	100～170	15	9.6
30	70～120	15	9.0

• 顺时针转动电流调节旋钮至规定放电电流，放电 15s。

• 观察电压表指针位置，判断蓄电池技术状况，见表 2-3。

表 2-3　　　　　　　　　　指针位置与蓄电池状态的关系

指 针 位 置	蓄电池状态
蓝色区域	端电压高于 9.6V，状态良好
红色区域	端电压低于 9.6V，存电不足
不稳定或电流急剧减小至 0	蓄电池故障

• 逆时针转动电流调节旋钮，停止放电。

（2）高率放电计。如图 2-11 所示，将两放电针压在蓄电池正负极柱上，保持 5s，若电压稳定，根据表 2-4 判断放电程度；若电压迅速下降，说明蓄电池已损坏。

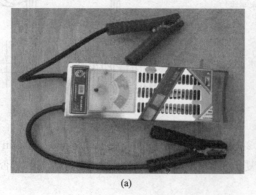

(a)　　　　　　　　　　　　　　　　(b)

图 2-11　用 12V 高率放电计测量蓄电池的放电电压

表 2-4　　　　　　　　　　　　蓄电池电压与放电程度对照

蓄电池开路电压/V	≥12.6	12.4	12.2	12.0	≤11.7
高率放电计检测蓄电池电压/V	10.5～11.6	9.6～10.5		≤9.6	
高率放电计（100A）检测单格电压/V	1.7～1.8	1.6～1.7	1.5～1.6	1.4～1.5	1.3～1.4

测 12V 电池，蓄电池充满电，密度为 1.24g/cm³，接入时间 10～15s；电压能保持在 10.5～11.6V 以上，说明存电量为充足，蓄电池无故障；电压能保持在 9.6～10.5V，说明存电量为不足，蓄电池无故障；电压降到 9.6V 以下，说明存电量严重不足或蓄电池有故障。

任务2 发电机的结构与工作原理

相关知识

汽车发电机是汽车电路的另一个电源，其功率一般只有 500W 左右，一般中级轿车发电机为 1000W 左右。发电机功率是随着车上用电设备的增加而增加的。目前，汽车上的发电机都是风冷式发电机，由皮带轮后的风扇吹风进入机壳进行冷却。在现有风冷式发电机构造的限制下，功率的增加必然会导致发电机体积的加大。

一、发电机的作用

发电机是汽车的主要电源，其在整车上的位置如图 2-12 所示。其功用是：在发动机正常运转时，向所有用电设备（起动机除外）供电，同时给蓄电池充电。图 2-13 所示为蓄电池与发电机之间的连接关系。

发电机

图 2-12　发电机在发动机上的位置

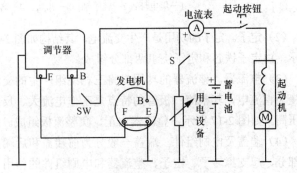

图 2-13　汽车电源与用电设备的连接关系

二、交流发电机的结构及工作原理

1. 交流发电机的结构

汽车用硅整流交流发电机，由三相同步发电机和硅二极管整流器两大部分组成。其工作过程是：交流发电机定子绕组中感应出交变电动势，再经硅二极管整流器整流，输出直流电。

普通交流发电机，一般由转子、定子、整流器、前后端盖、风扇、皮带轮等组成。图 2-14 所示为 JF132 型 6 管普通交流发电机解体。

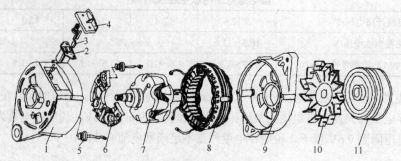

图 2-14 交流发电机解体

1—后端盖；2—电刷架；3—电刷；4—电刷弹簧压盖；5—硅二极管；6—散热板；7—转子；

8—定子总成；9—前端盖；10—风扇；11—皮带轮

（1）转子。转子的功用是产生旋转磁场。转子由爪极、磁轭、磁场绕组、集电环、转子轴组成，如图 2-15 所示。

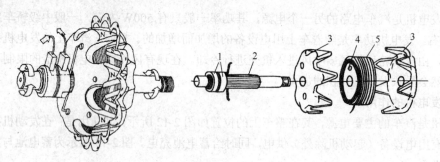

图 2-15 发电机转子的结构

1—集电环；2—转子轴；3—爪极；4—转子铁芯；5—磁场绕组

（2）定子。定子的功用是产生交流电，其结构如图 2-16 所示，由定子铁芯和定子绕组两部分组成。

（3）整流器。整流器的功用是将三相绕组产生的交流电变为直流电，其整流二极管的特点是工作电流大、反向电压高。如图 2-17 所示，整流器由正、负整流板组成。

（4）端盖及电刷组件。端盖一般分为前端盖和后端盖两部分，起支撑转子、定子、整流器和电刷组件的作用。端盖一般用铝合金铸造，这种材料的优点：一是可有效地防止漏磁；二是散热性能好。

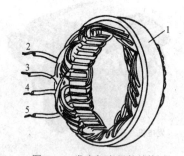

图 2-16 发电机定子的结构

1—定子铁芯；2、3、4、5—定子绕组引线端

后端盖上装有电刷组件。电刷组件由电刷、电刷架和电刷弹簧组成，如图 2-18 所示。电刷的作用是将电源通过集电环引入励磁绕组。两个电刷分别装在电刷架的孔内，借助弹簧压力与集电环保持接触。电刷一般与调节器装为一体。电刷和集电环的接触应良好，否则，会因为磁场电流过小，导致发电机发电不足。

2. 交流发电机的工作原理

（1）发电原理。发电机定子的三相绕组按一定规律分布在发电机的定子槽中，内部有一个转子，转子上安装着爪极和励磁绕组，如图 2-19 所示。

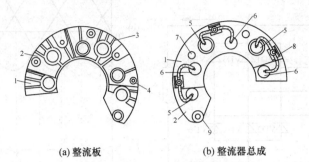

(a) 整流板　　　　　　　　(b) 整流器总成

图 2-17　交流发电机整流器总成

1—负整流板；2—正整流板；3—散热片；4—连接螺栓；5—正极管；6—负极管；

7—安装孔；8—绝缘垫；9—电枢极柱安装孔

当外电路通过电刷给励磁绕组通电时，便产生磁场，使爪极被磁化为 N 极和 S 极。当转子旋转时，磁通交替地在定子绕组中变化，根据电磁感应原理可知，定子的三相绕组中便产生交变的感应电动势，这就是交流发电机的发电原理。

图 2-18　交流发电机电刷组件

（2）整流原理。交流发电机定子的三相绕组中，感应产生的是交流电，通过 6 只二极管组成的三相桥式整流电路整流为直流电，整流电路如图 2-20（a）所示。

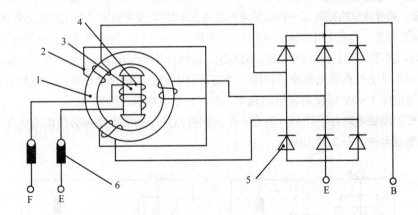

图 2-19　交流发电机发电原理示意

1—定子铁芯；2—定子绕组；3—转子；4—励磁绕组；5—整流二极管；6—电刷

发电机的整流原理：二极管具有单向导通性，当给二极管加上正向电压时二极管导通，当给二极管加上反向电压时二极管截止。将定子的三相绕组和 6 只整流二极管按图 2-20（b）所示电路连接，发电机的输出端 B、E 上就输出一个脉动直流电压，如图 2-20（c）所示。

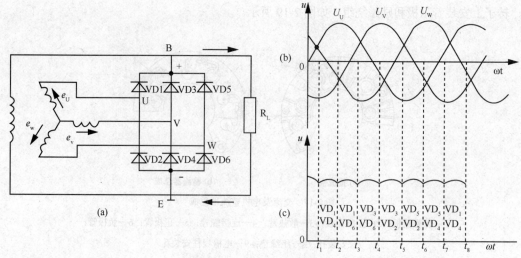

图 2-20　交流发电机整流原理

三相桥式整流电路中，二极管依次循环导通。当 3 只正二极管负极端连接在一起时，正极端电位最高的导通；当 3 只负二极管正极端连接在一起时，负极端电位最低的导通。使得负载 RL 两端得到一个比较平稳的脉动直流电压。

（3）交流发电机的励磁。除永磁式交流发电机不需要励磁以外，其他形式的交流发电机都需要励磁，因为它们的磁场都是电磁场，必须给励磁绕组通电才会有磁场产生而发电，否则，发电机将不能发电。将电流引入励磁绕组使之产生磁场，称为励磁。交流发电机励磁方式有他励和自励两种。

① 他励。在发电机转速较低时（发动机未达到怠速转速），自身不能发电，需要蓄电池供给发电机励磁绕组电流，使励磁绕组产生磁场来发电。这种由蓄电池供给磁场电流发电的方式称为他励发电。

② 自励。随着转速的提高（一般在发动机达到怠速时），发电机定子绕组的电动势逐渐升高并能使整流器二极管导通，当发电机的输出电压 U_B 大于蓄电池电压时，发电机就能对外供电了。当发电机能对外供电时，就可以把自身发的电供给励磁绕组，这种自身供给磁场电流发电的方式称为自励发电。

交流发电机励磁过程是先他励后自励。当发动机达到正常怠速转速时，发电机的输出电压一般高出蓄电池电压 1～2V 以便对蓄电池充电，此时，由发电机自励发电。

不同汽车的励磁电路各不相同，但有一个共同特点是，励磁电路都必须由点火开关控制，交流发电机的励磁电路如图 2-21 所示。

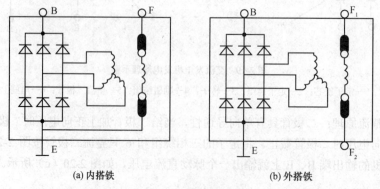

(a) 内搭铁　　　　　　　(b) 外搭铁

图 2-21　励磁控制形式

任务实施

发电机的拆装与检修

一、实施前的准备

1．工具、仪器

数字万用表、汽车常用维修工具、汽车常用电工工具等。

2．设备、材料

汽车发电机、专用拉拔器等。

二、实施方法

（一）发电机的拆装

发电机的拆装如图 2-22 所示，其步骤如下。

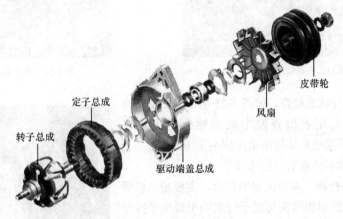

图 2-22　发电机拆装

（1）断开蓄电池负极端子。

（2）断开发电机电缆及连接器。

（3）拆卸发电机固定螺栓及皮带。

（4）拆卸发电机电刷座总成。

① 拆卸发电机端子绝缘体。

② 拆卸电刷座。

③ 拆卸后端盖。

（5）拆卸发电机调节器总成。

（6）拆卸整流器。

（7）拆卸发电机转子总成。

① 拆卸驱动端盖。

② 拆卸转子。

③ 拆卸整流器端盖。

（8）按拆卸的相反顺序装复。装复后，转动发电机带轮，转子应转动平顺，无摩擦及碰击声。

（二）发电机的检修

1. 发电机的就车检修

（1）充电指示灯检查。当打开点火开关不起动发动机时，查看仪表充电指示灯是否点亮，如图 2-23 所示。如不亮，应检查相应电路或充电指示灯保险丝是否熔断，指示灯灯泡是否损坏，如有相应损坏应更换。然后起动发动机，当发动机正常运转时，充电指示灯应熄灭；否则，应检查发电机。

（2）励磁电路检查。在打开点火开关状态下，用一金属物体检查发电机转子轴有无磁性，如图 2-24 所示。如有磁性，则说明发电机激磁电路良好；如没有磁性，则应检查发电机激磁电路有无输入电压，如有电压则检查电压调节器及激磁绕组有无损坏。

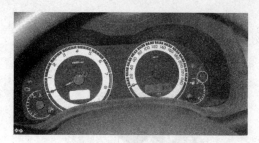

图 2-23 充电指示灯检查

图 2-24 励磁电路检查

（3）发电机运行状态检查。如图 2-25 所示，在发动机运转状态下，用万用表检查发电机的输出电压，在 2500r/min 的工况下发电机的输出电压应小于 14.10V。

2. 发电机解体后的检查及技术要求

（1）整流器的检测。对整流器的检查，主要是二极管的检查。当二极管的引出端头与定子绕组的引线端子拆开后，即可用万用表对每只二极管进行检测。检测方法是：将万用表的两个表笔分别接在每只二极管的两极上检测一次（一共 6 次），然后交换两表笔的位置再测一次，在正常时，正向电阻应为 100Ω 左右，反向电阻应为 10KΩ 左右，如图 2-26、图 2-27 所示。

图 2-25 发电机运行状态检查

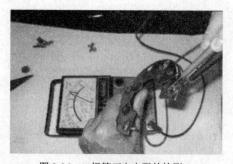

图 2-26 二极管正向电阻的检测

图 2-27 二极管反向电阻的检测

以上测量数据若不符合正常值，则表示发电机整流器有故障。

（2）转子总成的检测。

① 磁场绕组断路和短路的检测。磁场绕组在使用过程中，其端头的焊点如果虚焊可能因震动而发生断路，可用万用表的 R×1 挡进行检测，两表笔分别接在集电环上，电阻为零说明磁场绕组短路；电阻无穷大说明磁场绕组断路。图 2-28 所示为磁场绕组段路时的检测情况。

② 磁场绕组绝缘检测。每个集电环与转子轴（或爪极）之间的阻值是无穷大，如果阻值很低，说明励磁绕组搭铁。如图 2-29 所示是磁场绕组绝缘良好的测试情况。

图 2-28　磁场绕组断路、短路的检测

图 2-29　磁场绕组的绝缘检测

③ 集电环的检查。集电环表面应平整光滑，无明显烧损，否则可用 0 号砂纸打磨。两集电环间隙处应无积聚物，集电环圆度误差不超过 0.025mm，厚度不小于 1.5mm。

④ 转子轴检查。用百分表检查轴的弯曲度，弯曲度不超过 0.05mm（径向圆跳动不超过 0.1mm），否则应予以校正，爪形磁极在转子轴上应固定牢靠、间距相等，如图 2-30 所示。

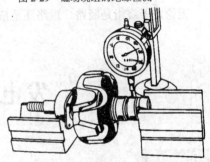

图 2-30　转子轴的检查

无论励磁绕组是短路、断路还是搭铁，都必须更换转子。但是，更换转子的费用与更换发电机的费用接近，所以，一般情况下，当励磁绕组需要更换时，就可以直接更换发电机总成。

（3）定子总成的检测。

① 检测定子绕组断路：每次任取两个首端，测量 3 次，每次阻值都应小于 0.5Ω；若阻值无穷大，为定子绕组断路，需更换定子总成，如图 2-31 所示。

(a) 定子绕组 B、C 断路检测

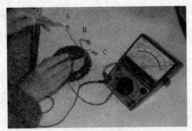

(b) 定子绕组 A、C 断路检测

(c) 定子绕组 A、B 断路检测

图 2-31　定子绕组断路的检测

② 定子绕组与搭铁检测。万用表 R×10k 挡表笔一端接铁芯，一端分别接绕组的 A、B、C 端子，此时阻值都应为无穷大，如图 2-32 所示。

 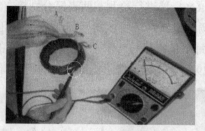 

(a) 定子绕组 C 端子与搭铁的检测　　　(b) 定子绕组 B 端子与搭铁的检测　　　(c) 定子绕组 A 端子与搭铁的检测

图 2-32　定子绕组的检测

因为一个正常定子绕组的阻值非常低，所以定子绕组短路很难检测。如果所有其他部件的检测均属正常，但输出电压却很低，其原因可能是定子绕组匝间短路。

无论定子绕组是断路、短路还是搭铁，均需更换定子总成。

任务3　发电机电压调节器的认知及检修

相关知识

一、发电机电压调节器的功用

发电机电压调节器在整车上的位置如图 2-33 所示。它的功用是使交流发电机的输出电压保持恒定。由于交流发电机的转子是由发动机通过传动带驱动旋转的，且发动机和交流发电机的速比为 1.7～3，因此，交流发电机转子的转速变化范围非常大，这样将引起发电机的输出电压发生较大变化，无法满足汽车用电设备的工作要求。为了满足用电设备恒定电压的要求，交流发电机必须配用发电机调节器，使其输出电压在发动机所有工况下基本保持恒定。

二、发电机电压调节器的工作原理

1．发电机电压调节器的分类

（1）按工作原理分类。

① 晶体管调节器。晶体管的开关频率高，且不产生电火

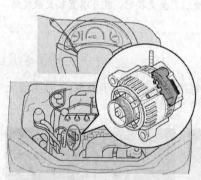

图 2-33　发电机电压调节器的位置

花，调节精度高，还具有质量轻、体积小、寿命长、可靠性高、无线电干扰小等优点，现广泛应用于多种中低档车型。

② 集成电路调节器。除具有晶体管调节器的优点外，还具有体积小，可安装于发电机内部（又称内装式调节器）的优点，减少了外接线，并且冷却效果得到了改善，现广泛应用于桑塔纳、奥

迪等多种轿车上。

③ 计算机控制调节器。是现代轿车采用的一种新型调节器,由负载检测仪测量系统总负载后,向发动机控制单元发送信号,然后由发动机控制单元控制发电机电压调节器,适时地接通和断开励磁电路,即能可靠地保证电气系统正常工作,使蓄电池充电充足,又能减轻发动机负荷,提高燃油经济性。上海别克、广州本田等轿车发电机上使用了这种调节器。

(2)按搭铁形式分类。按搭铁形式分,可分为内搭铁式(与内搭铁式交流发电机配套使用)和外搭铁式(与外搭铁式交流发电机配套使用)。

2. 发电机电压调节器的工作原理

由交流发电机的工作原理可知,交流发电机的三相绕组产生的相电动势的有效值为

$$E_\Phi = C_e \Phi n \qquad (2\text{-}2)$$

式中,E_Φ为电动势(V);C_e为发电机的结构常数;N为发电机转子转速(r/min);Φ为转子的磁极磁通(Wb)。

式(2-2)说明交流发电机所产生的感应电动势与转子转速和磁极磁通成正比,当交流发电机的转速升高时,调节器通过减小发电机的励磁电流I_f来减小磁通Φ,使发电机的输出电压U_B保持不变。

晶体管调节器、集成电路调节器等,利用大功率晶体管的导通和截止,接通和断开励磁电路,来改变励磁电流I_f大小。这种调节器没有触点,使用过程中无需保养和维护,结构简单,体积小,质量轻。

(1)晶体管式电压调节器的工作原理。晶体管式电压调节器有多种形式,其电路各不相同,基本结构一般有2~4个晶体管、1~2个稳压管和一些电阻、电容、二极管,再由印制电路板接成电路,然后用轻而薄的铝合金外壳将其封闭。调节器对外伸出有"+"(或 S、点火)、F(或励磁)、E(或搭铁、"–")等字样的接线柱或引线,分别与交流发电机等连接,构成整个汽车电气装置的充电系统。

晶体管式电压调节器与内或外搭铁形式的交流发电机配套使用,也有内、外搭铁的区别,使用前一定要判断其搭铁形式,并与发电机相应的接线柱正确连接。

① 内搭铁式晶体管电压调节器工作原理。内搭铁式晶体管电压调节器如图 2-34 所示。电路由 3 个电阻 R1、R2、R3,2 个晶体管 VT$_1$、VT$_2$,1 个稳压管 VS 和 1 个二极管 VD 组成。

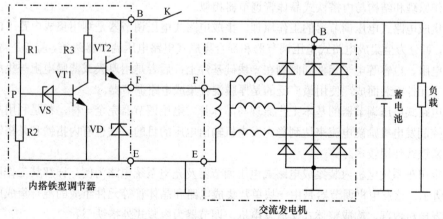

图 2-34　内搭铁式电压调节器基本电路

调节器的 B(或"+")接线柱接点火开关,F 接线柱接发电机励磁绕组 F 端,"+"和 F 之间为晶体管的集电极与发射极之间形成的开关电路,"+"与"–"之间是由电阻 R1、R2 组成的分压器,其 P 点电压正比于发电机电压,P 点与放大器之间接有稳压管 VS,用来感受电压,其工作过程如下。

在发电机电压较低的情况下，分压器中间 P 点的电压也较低，此时稳压管处于截止状态，这时晶体管 VT1 截止，使晶体管 VT2 基极获得高电位，从而使 VT2 导通，励磁电流可以通过晶体管流入发电机的励磁绕组，使发电机电压上升。当电压上升到调节器电压调整值时，P 点电压升高至稳压器的击穿电压，稳压管被击穿，给晶体管 VT1 基极一个信号，使 VT1 导通 VT2 截止，切断了励磁电流，发电机无励磁电流，发电机输出电压便下降，这样又使稳压管不被击穿，晶体管 VT1 截止，晶体管 VT2 导通，如此反复使发电机的输出电压稳定在一个调定值上。

VD 为续流二极管，它与励磁绕组反向并联，当 VT2 截止时，可使励磁绕组中产生的自感电动势经它与励磁绕组自成回路，保护 VT2 免受损坏。

② 外搭铁式晶体管电压调节器工作原理。外搭铁式电压调节器内部电路可简化成如图 2-35 所示的基本电路。

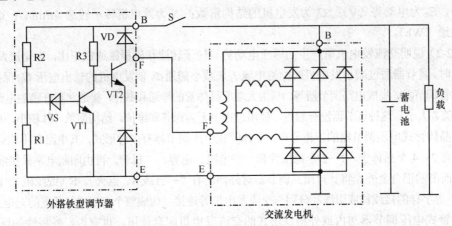

图 2-35　外搭铁式电压调节器基本电路

该电路的特点是：在 B+ 和 F 之间，与内搭铁式晶体管调节器存在显著不同，内搭铁是通过大功率晶体管控制 B+ 与 F 的通与断，而外搭铁是通过大功率晶体管控制 F 与 "－" 的通与断，但其电路工作原理和结构与内搭铁式晶体管调节器相似。

（2）集成电路式电压调节器的工作原理。集成电路式电压调节器是利用集成电路（IC）组成的调节器，可分为全集成电路式电压调节器和混合集成式电路电压调节器两类。前者是将二极管、晶体管、电阻、电容等电子元件同时制在一块硅基片上；后者是用厚膜或薄膜电阻与集成的单片芯片或分立元件组装而成，使用最广泛的是厚膜混合集成电路调节器。

集成电路式电压调节器的基本工作原理与晶体管式电压调节器完全一样，都是利用晶体管的开关特性控制发电机励磁电流来达到稳定发电机输出电压的目的。它也有内搭铁和外搭铁之分，而且以外搭铁式使用较多。

现以丰田车系发电机内装集成电路式电压调节器及充电系统电路为例，详解其工作原理。如图 2-36 所示，该发电机调节器是由一块单片集成电路和晶体管等元件组成的混合集成电路调节器，装于发电机内部，构成整体式交流发电机，调节器为内装式外搭铁型。

该调节器有 6 个接线端子，F、P、E 3 个端子用螺钉直接和发电机连接，B 端用螺母固定在发电机的输出端子 B 上，IG、L 两个端子用金属线引到调节器的外部接线插座上。

① 励磁电流插座。VT1 是大功率晶体管，与励磁电路串联，由集成电路（IC）片控制 VT1 的导通和截止，从而控制励磁电路通断，使发电机电压得到控制。

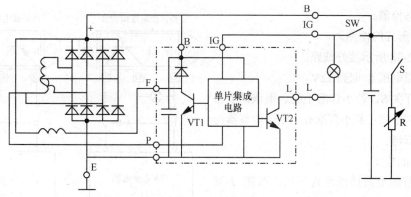

图 2-36　集成电路式电压调节器及充电系统电路

② 充电指示灯。充电指示灯串接在 VT2 集电极上，VT2 导通充电指示灯亮，VT2 截止充电指示灯熄灭。在集成电路（IC）片中，有控制 VT2 导通和截止的电路，控制信号由 P 点提供，P 点提供的是发电机单相电压的交流信号，其信号幅值大小可反映发电机输出电压高低。

当发电机输出电压低于蓄电池电压时，集成电路（IC）片控制电路 VT2 导通，充电指示灯亮；当发电机输出电压高于蓄电池电压时，集成电路（IC）片控制电路 VT2 截止，充电指示灯熄灭。

（3）计算机控制的电压调节器。图 2-37 所示为广州本田雅阁轿车直列 4 缸发动机配用的发电机电压调节器电路图，发电机整流器为 8 管。调节器为内装式外搭铁型，由发动机控制单元控制。

在汽车电路中有一个负载检测仪，检测电路中总电流负载大小，送信号到发动机控制单元，调节器 C 接线端子将发电机电压信号送到发动机控制单元，发动机控制单元根据这两个信号判断励磁电路应该接通还是断开，输出控制信号到 FR 端子，驱动调节器的控制电路，适时地接通和断开励磁绕组电路，以此控制发电机的输出电压。

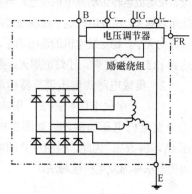

图 2-37　广州本田雅阁轿车发电机
电压调节器电路

任务实施

电压调节器检测

一、实施前的准备

1．工具、仪器

数字万用表、汽车常用维修工具、汽车常用电工工具等。

2．设备、材料

内搭铁和外搭铁的晶体管式电压调节器各若干只、集成电路调节器、整体式交流发电机中的电压调节器、直流可调电源等。

二、实施方法

（一）电压调节器检测

1．晶体管式电压调节器检测

（1）静态检测。使用万用表 R×100 挡测量晶体管调节器各接线柱之间的静态电阻。

（2）动态检测。

① 搭铁形式的检测。

● 按图 2-38 所示接好线路。

● 将电源电压 U 调到 12V。

● 接通开关 S，若小灯泡不亮，则该调节器为内搭铁型调节器；若小灯泡亮，则该调节器为外搭铁型调节器。

② 性能的检测。

● 将调节器根据搭铁形式不同，按图 2-38 所示连好线路。

● 接通开关 S，逐渐调高电源电压，小灯泡的亮度应随电压升高而增强，当电源电压调至调

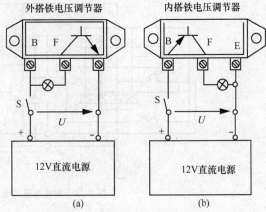

图 2-38 晶体管式电压调节器检测线路

节电压充电系由发电机、调节器、蓄电池、充电指示灯及点火开关等组成。

工作过程为：起动发动机时，先接通起动开关，此时充电指示灯亮，由蓄电池提供发电机的励磁电流。发动机运转带动发电机发电，当发电机磁场二极管端的输出电压与蓄电池的端电压大致相等时，充电指示灯熄灭，由发电机定子线圈通过磁场二极管供给磁场线圈的磁场电流，并由集成电路调节器控制磁场电流的大小，稳定发电机的输出电压，对蓄电池充电的同时向负载供电。当调整电压为 14V、调节器的值达到 13.5～14.5V 时，小灯泡熄灭，则为良好；若小灯泡始终发亮或始终熄灭，则为损坏，应更换。

2. 集成电路式电压调节器检测

（1）发电机电压检测法。集成电路式电压调节器直接在发电机上检测发电机的输出电压，称为发电机电压检测法，如图 2-39 所示。加在分压器 R1 和 R2 上的电压是励磁二极管输出端 L 的电压 U_L，$U_L=U_B$，因此，检测点 P 的电压加到稳压管 VS 上，其电压与发电机的端电压 U_B 成正比，所以该检测法称为发电机检测法。

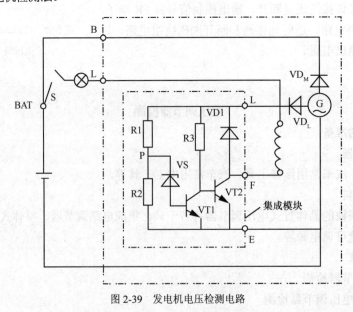

图 2-39 发电机电压检测电路

（2）蓄电池电压检测法。用连接导线检测蓄电池的端电压来调节发电机的输出电压，称为蓄电

池电压检测法，如图 2-40 所示。加在分压器 R1 和 R2 上的电压为蓄电池端电压，由于通过检测点 P 加到稳压管 VS 上的反向电压与蓄电池端电压成正比，所以该检测法称为蓄电池电压检测法。

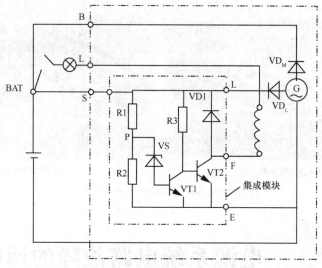

图 2-40　蓄电池电压检测

　　在这两种基本检测法中，前者发电机的引出线可以少一根，但是发电机 B 到蓄电池的接线柱之间的电压降较大时，蓄电池的充电电压将会降低，使蓄电池充电不足，因此一般大功率发电机宜采用蓄电池电压检测法。

　　采用蓄电池电压检测法，如 B、BAT 之间或 S、BAT 之间断线时，调节器便不能检测出发电机的端电压，发电机便会失控。为了克服这一缺点，有些内装集成电路调节器的发电机采取了一定的控制措施。图 2-41 所示为实际采用的蓄电池电压检测法的线路，在这个线路中，在调节器的分压器与发电机 B 点之间增加了一个电阻 R4 和一个二极管 VD2。这样，当 B 点与蓄电池正极之间或 S 点与蓄电池正极之间出现断路时，由于 R4 的存在，仍能检测发电机的端电压 U_B，使调节器正常工作，可以防止发电机电压过高的现象。

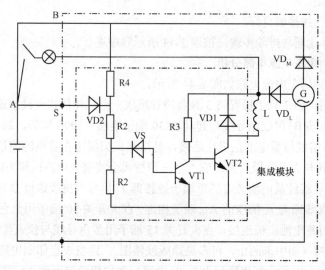

图 2-41　具有保护作用的蓄电池电压检测原理电路

（二）整体式交流发电机电压调节器实物的结构及认识

认识整体式交流发电机的电压调节器的结构特点，并能熟练表述各端子的意义（见图2-42）。

散热片　　　　　　　　　　调节器接线端子　　　　　　　　　　　　调节器内部结构及电路

(a) 调节器外部　　　　　　　　　　　　　　　　(b) 调节器内部

图2-42　整体式交流发电机中的电压调节器

任务4 电源系统电路故障的诊断与排除

相关知识

一、电源系统故障排除

整体式交流发电机的常见故障有不充电或充电电流过小等故障，以上海桑塔纳轿车为例，说明整体式交流发电机电源系统故障的诊断方法。

故障现象：不能充电。

（1）检查条件。

① 发电机传动带的张力正常。

② 蓄电池电充足。

③ 发电机的搭铁线接触良好。

（2）不充电故障诊断与排除步骤，按图2-43所示顺序进行。

二、桑塔纳系列轿车电源电路分析

桑塔纳2000系列轿车电源电路如图2-44所示。

整体式交流发电机的3只正极管与3只负极管组成一个三相桥式全波整流电路，称为输出电流整流电路。其输出端B+用红色导线与起动机30端子连接（1996年后，部分轿车输出端B+用红色导线经80A易熔线与蓄电池正极柱连接，易熔线支架固定在蓄电池附近的发动机室后围板上）。3只励磁二极管与3只负极管也组成一个三相桥式全波整流电路，称为励磁电流整流电路。其输出端D+用蓝色导线经蓄电池旁边的单端子连接器T_1后与中央线路板D插座的D_4端子连接，再经中央线路板内部线路与A插座的A_{16}端子相连。点火开关30端子用红色导线经中央线路板上的单端子插座P与蓄电池正极连接，点火开关15端子用黑色导线与仪表盘左下方14端子黑色插座的12号端子连接（图中未画出，可参见原版线路图），经仪表盘印制电路板上的电阻R_1、R_2和充电指示灯（R_2和充电指示灯串联后再与R_1并联）和二极管接回到14端子黑色插座的12号端子，再用蓝色导线与中央线路板 A 插座的 A16 端子连接。

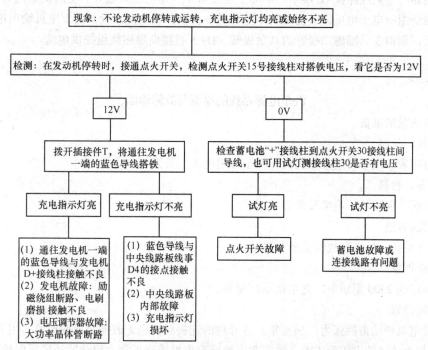

現象：不论发动机停转或运转，充电指示灯均亮或始终不亮

检测：在发动机停转时，接通点火开关，检测点火开关15号接线柱对搭铁电压，看它是否为12V

12V　　　　　　　　0V

拨开插接件T，将通往发电机一端的蓝色导线搭铁

检查蓄电池"+"接线柱到点火开关30接线柱间导线，也可用试灯测接线柱30是否有电压

充电指示灯亮　　充电指示灯不亮　　试灯亮　　试灯不亮

(1) 通往发电机一端的蓝色导线与发电机D+接线柱接触不良
(2) 发电机故障：励磁绕组断路、电刷磨损 接触不良
(3) 电压调节器故障：大功率晶体管断路

(1) 蓝色导线与中央线路板线事D4的接点接触不良
(2) 中央线路板内部故障
(3) 充电指示灯损坏

点火开关故障

蓄电池故障或连接线路有问题

图 2-43　整体式交流发电机电源系统不充电故障的诊断与排除

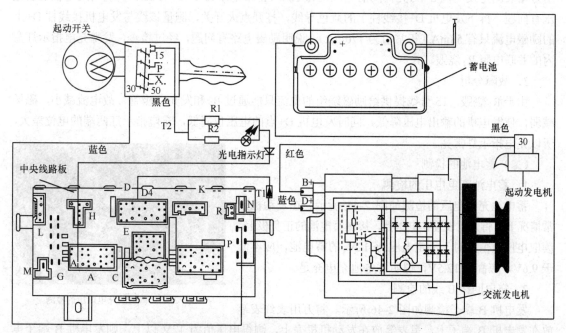

图 2-44　桑塔纳 2000 系列轿车电源电路

由电路图可见，充电指示灯及发电机励磁绕组线路为：蓄电池正极→中央线路板单端子插座 P 端子→中央线路板内部线路→中央线路板单端子插座 P 端子→点火开关30端子→点火开关→点

火开关 15 端子→电阻 R_2 和充电指示灯（发光二极管）→二极管→中央线路板 A_{16} 端子→中央线路板内部线路→中央线路板 D_4 端子→单端子连接器 T_1（蓄电池旁边）→交流发电机 D+端子→发电机的励磁绕组→电子电压调节器大功率晶体管→搭铁→蓄电池负极。当发电机输出电压高于蓄电池电压后，则由 3 只励磁二极管的共负极端（D+）直接向励磁绕组提供电流。

任务实施

汽车电源系统的检测与故障诊断

一、实施前的准备

1. 工具、仪器

数字万用表、汽车常用维修工具、汽车常用电工工具等。

2. 设备、材料

实训车辆、保险丝、绝缘胶带等。

二、实施方法

（一）充电指示灯常亮故障诊断与排除

1. 故障现象

一辆桑塔纳 2000 型轿车，充电指示灯常亮。

2. 故障检修

检查发电机传动带的张力，属正常，各导线的连接部位也无破损及松脱现象。用万用表测量发电机 B+与壳体间的电压为 12V，说明蓄电池至发电机线路正常。起动发动机后保持中速运转，用万用表测量发电机 B+与壳体间的电压仍为 12V（正常电压为 13.5～14.5V），说明发电机输出电压有问题。拆下发电机 D+接线柱上的蓝色导线，打开点火开关，测量该线与发电机接线柱 D+上的励磁电流只有 58mA（正常值为 170mA），说明励磁电路有问题，经过检查，发现充电指示灯盒内的并联电阻 R_1 烧毁。

3. 故障分析

由于 R_1 烧毁，15 号线提供给励磁绕组的电流只能通过 R_2 和发光二极管，故电流减小，磁场减弱，使发电机的输出电压降低，同时发电机 D+点的电压也降低，充电指示灯两端的电位差大，所以充电指示灯常亮。

（二）蓄电池的检测

1. 蓄电池充电电压的检测

蓄电池充电电压的检测如图 2-45 所示。在发动机正常情况下，将万用表置在电压挡，接在蓄电池的正负极上，读取电压数值，对于额定电压为 12V 的蓄电池，应不低于 9.6V，应高于 12.5V，说明蓄电池充电充足。

图 2-45　蓄电池充电电压的检测

2. 充电回路 B 线的检测

发电机 B 端子检测如图 2-46 所示。将万用表红表笔放在发电机 B 端子上，黑表笔放在发动机机壳上，测得电压值为 12V 以上，则发电机 B 端子电压降正常。

3. 控制线路检测

发电机 L 端子检测如图 2-47 所示。用万用表电压挡测量 L 端子，应有电压，否则断路。

B端子

图 2-46　发电机 B 端子检测

图 2-47　发电机 L 端子检测

思 考 与 练 习

1. 根据实车写出拆装蓄电池的流程。
2. 如何对蓄电池充电电压进行检测？有什么要求？
3. 交流发电机由哪些部件组成？它们的作用是什么？
4. 写出发电机的发电原理。
5. 如何检测发电机整流器？
6. 写出发电机不充电故障的检查条件。
7. 简述电压调节器的工作原理。
8. 如何对发电机就车检查充电指示灯、励磁电路？
9. 参考图 2-44 写出桑塔纳 2000 充电指示灯及发电机励磁绕组线路的路径。

项目三 3 起动系

任务1 起动系概述

相关知识

发动机在以自身动力运转之前，必须借助外力旋转。发动机借助外力由静止状态过渡到能自行运转的过程，称为发动机的起动。发动机常用的起动方式有人力起动、辅助汽油机起动和电力起动3种形式。人力起动采用绳拉或手摇的方式，简单但不方便，而且劳动强度大，只适用于一些小功率的发动机，在一些汽车上仅作为后备方式保留；辅助汽油机起动主要用在大功率的柴油发动机上；电力起动方式操作简便，起动迅速，具有重复起动能力，并且可以远距离控制，因此被现代汽车广泛采用。

一、起动系组成

起动系将储存在蓄电池内的电能变成机械能，要实现这种转换，必须使用起动机。起动机的功用是由直流电动机产生动力，经传动机构带动发动机曲轴转动，从而实现发动机的起动。起动系包括以下部件：蓄电池、点火开关（起动开关）、起动机总成、起动继电器等，如图 3-1 所示。

二、起动机的组成与分类

1. 起动机的组成

起动机总成如图 3-2 所示。起动机是起动系统的核心部件，起动机由直流串励电动机、传动机构和控制装置 3 大部分组成。

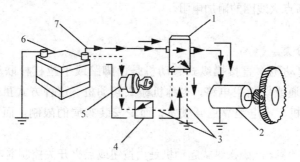

图 3-1 起动系组成

实线代表起动电路，虚线代表起动机控制电路

1—电磁开关；2—起动机；3—控制电路；4—起动机继电器；5—点火开关；6—蓄电池；7—起动机电路

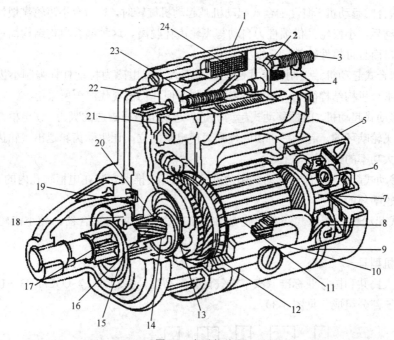

图 3-2 起动机总成

1—电磁开关；2—触点；3—蓄电池接线柱；4—动触点；5—前端盖；6—电刷弹簧；7—换向器；8—电刷；9—机壳；

10—磁极；11—电枢；12—磁场绕组；13—导向环；14—止推环；15—单向离合器；16—电枢轴；

17—驱动齿轮；18—传动机构；19—制动盘；20—啮合弹簧；21—拨叉；

22—活动铁芯；23—复位弹簧；24—电磁开关

起动机 3 大部分的作用如下。

（1）直流串励电动机的作用是将蓄电池输入的电能转换为机械能，产生电磁转矩。

（2）传动机构又称起动机离合器、啮合器。传动机构的作用是在发动机起动时使起动机轴上的小齿轮啮入飞轮齿环，将起动机的转矩传递给发动机曲轴；在发动机起动后又能使起动机小齿轮与飞轮齿环自动脱开。

（3）控制装置又称起动开关。控制装置的作用是用来接通和断开电动机与蓄电池之间的电路，同时，还能接入和切断点火线圈的附加电阻。

2. 起动机的分类

（1）按控制装置分类。

① 直接操纵式起动机。直接操纵式起动机是由脚踏或手拉杠杆联动机构直接控制起动机的主电路开关来接通或切断主电路，也称机械式起动机。这种方式虽然结构简单、工作可靠，但由于要求起动机、蓄电池靠近驾驶室，而受安装布局的限制，而且操作不便，已很少采用。

② 电磁操纵式起动机。电磁操纵式起动机是由按钮或点火开关控制继电器，再由继电器控制起动机的主开关来接通或切断主电路，也称电磁控制式起动机。这种方式可实现远距离控制，工作方便，在现代汽车上广泛采用。

（2）按传动机构的啮合方式分类。

① 惯性啮合式起动机。惯性啮合式起动机是起动机旋转时，其啮合小齿轮靠惯性力自动啮入飞轮齿环。起动后，小齿轮又借惯性力自动与飞轮齿环脱离。这种啮合机构结构简单，但不能传递较大的转矩，而且可靠性较差，已很少采用。

② 强制啮合式起动机。强制啮合式起动机是靠人力或电磁力拉动杠杆强制小齿轮啮入飞轮齿环的。这种啮合机构结构简单、动作可靠、操作方便，仍被现代汽车所采用。

③ 电枢移动式起动机。电枢移动式起动机是靠起动机磁极磁通的吸力，使电枢沿轴向移动而使小齿轮啮入飞轮啮环的，起动后再由回位弹簧使电枢回位，让驱动齿轮退出飞轮齿环。这种啮合机构多用于大功率的柴油汽车上。

④ 齿轮移动式起动机。齿轮移动式起动机是电磁开关推动安装在电枢轴孔内的啮合杆，而使小齿轮啮入飞轮啮环的。

⑤ 减速式起动机。减速式起动机也是靠电磁吸力推动单向离合器，使小齿轮啮入飞轮齿环的。

三、起动机型号

根据中华人民共和国行业标准《汽车电气设备产品型号编制方法》（QC/T 73—1993）规定，起动机型号由 5 部分组成（见图 3-3）。

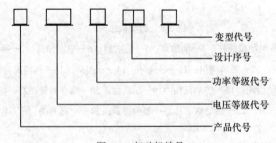

变型代号
设计序号
功率等级代号
电压等级代号
产品代号

图 3-3 起动机编号

第一部分为产品代号。起动机产品代号为：QD 表示起动机；QDJ 表示减速起动机；QDY 表示永磁起动机。

第二部分为电压等级代号。用一位阿拉伯数字表示。1 表示 12V；2 表示 24V；6 表示 6V。

第三部分为功率等级代号。用一位阿拉伯数字表示，见表 3-1。

第四部分为设计序号。按产品设计先后顺序，用阿拉伯数字表示。

第五部分为变型代号。

例如，QD124 型表示额定电压为 12V，功率为 1～2kW，第四次设计的起动机。

表 3-1　　　　　　　　　　起动机的功率等级代号的含义

功率等级代号	1	2	3	4	5	6	7	8	9
普通起动机功率（kW） 减速起动机功率（kW） 永磁起动机功率（kW）	≤1	>1～2	>2～3	>3～4	>4～5	>5～6	>6～7	>7～8	>9

四、起动机工作原理和特性

按磁场绕组和电枢绕组连接方式不同，起动用直流电动机可分为串励、并励、复励 3 种形式（见图 3-4）。汽车起动机一般采用串励式，大功率起动机多采用复励式。

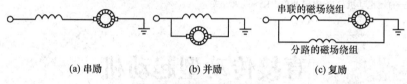

(a) 串励　　　　　　(b) 并励　　　　　　(c) 复励

图 3-4　起动用直流电动机示意

（1）串励电动机。串励电动机的电流流向是：蓄电池"+"→磁场绕组→电刷→换向器→电枢绕组→负电刷→搭铁（蓄电池"−"）[见图 3-4（a）]。此种方式允许流过磁场绕组的全部电流也流过电枢绕组。

串励电动机开始起动时能发出最大转矩。输出转矩随着电动机转速升高而下降。转矩下降是由于反电动势造成的结果。

（2）并励电动机。并励电动机的磁场绕组与电枢绕组并联接线 [见图 3-4（b）]。并励电动机的输出转矩不随转速升高而下降，因为电枢产生的反电动势不会削弱磁场绕组的场强。由于并励电动机不能产生高转矩，故不用它作为起动机。但刮水器电动机、电动升降门窗电动机、电动调整座椅电动机等，用的都是并励电动机。

（3）复励电动机。复励电动机的一些磁场绕组与电枢绕组串联连接，而另一些磁场绕组与蓄电池和电枢绕组并联连接 [见图 3-4（c）]。此种配置，使复励电动机能发挥好的起动转矩和恒定的运行转速。分路的磁场绕组用来限制起动机的转速。

任务实施

起动机原理与型号学习

一、实施前的准备

1. 工具、仪器

多媒体设备等。

2. 设备、材料

QD1215 起动机、绘图纸及绘图工具等。

二、实施方法

（1）图 3-5 所示为起动系电路，绘制原理图并能表述其起动工作过程。

（2）请指出图 3-6 所示起动机上的型号 QD1215 各字母和数字的含义。

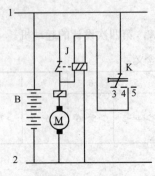

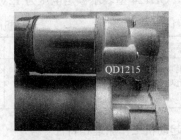

图 3-5 起动系电路   图 3-6 CA1090 的起动机

1—常火线；2—搭铁；3—断开挡；4—点火挡；5—起动挡；

B—蓄电池；M—直流电动机；J—电磁开关；K—点火开关

任务2   直接传动型起动机

相关知识

一、直流电动机

1. 直流电动机的构造

直流电动机由磁极、电枢、换向器等组成，如图 3-7 所示。电枢绕组与磁场绕组串联的直流电动机称为串励式直流电动机。

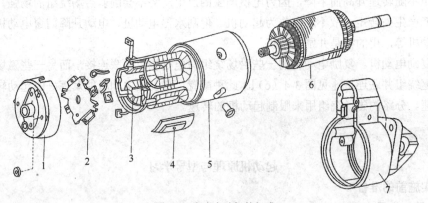

图 3-7 直流电动机的组成

1—端盖；2—电刷和刷架；3—磁场绕组；4—磁极铁芯；5—机壳；6—电枢；7—后端盖

（1）机壳。大多数起动机机壳的一端有 4 个检查窗口，有些则没有。机壳中部有一个电流输入接线柱，并在内部与励磁绕组的一端相连。端盖分前、后两个，前端盖由钢板压制而成，后端盖由灰铸铁浇注而成，呈缺口杯状。它们的中心均压装着青铜石墨轴承套或铁基含油轴承套，外围有 2 个或 4 个组装螺孔。电刷装在前端盖内，后端盖上有拨叉座，盖口有凸缘和安装螺孔，还有拧紧中间轴承板的螺钉孔。

（2）磁场绕组。磁场绕组是由绕在极靴上的线圈构成的电磁铁（见图 3-8）。

磁场绕组固定到起动机外壳里面（见图 3-9），用铸钢制造的极靴和起动机外壳连接在一起，可增加磁场绕组的磁场强度，图 3-10 所示为磁场绕组形成的磁场。

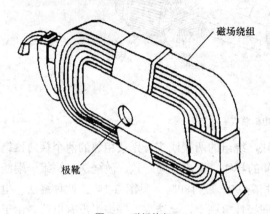

图 3-8　磁场绕组

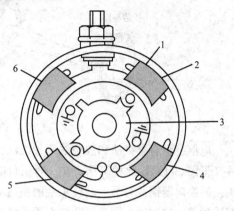

图 3-9　磁场绕组与起动机外壳的组装

1、4、5、6—磁场绕组；2—外壳；3—电枢

当电流流过磁场绕组时，便建立强大的、静止的电磁场，磁场根据绕组围绕在极靴的方向，分为 N 极和 S 极。磁场绕组的极性对调，便产生相反的磁场。

磁场绕组与电枢绕组的接法有串联和复式接法（既有串联也有并联）两种。图 3-11 所示为磁场绕组的连接方式。

复式接法可以在绕组铜条截面尺寸相同的情况下增大起动电流，从而增大转矩。大多数起动机采用 4 个磁场绕组。功率大于 7.35kW 的起动机有采用 6 个磁场绕组的。

（3）电枢。电枢由若干薄的、外圆带槽的硅钢片叠成的铁芯和电枢绕组组成。铁芯的叠片结构可以减小涡流电流。电枢绕组安装在叠片外径边缘的槽内，绕组线匝分别接到换向器铜片，电枢安装在电枢轴上，图 3-12 所示为电枢总成。

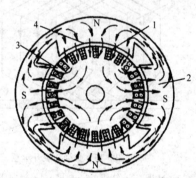

图 3-10　磁场绕组形成的磁场

1—电枢绕组；2—极靴；3—电枢；4—气隙

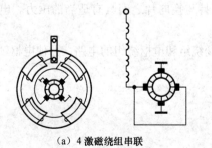

（a）4 激磁绕组串联

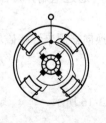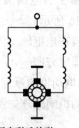

（b）激磁绕组两两串联后并联

图 3-11　磁场绕组的连接方式

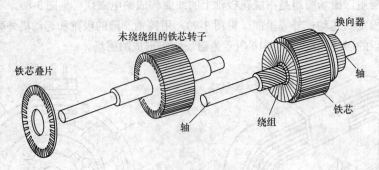

图 3-12　电枢总成

　　电枢绕组有叠绕法和波绕法两种绕法。叠绕法，绕组的两端线头分别接相邻的两个换向器铜片（见图 3-13）。此种绕法，在一对正负电刷之间的导线，电流方向一致。波绕法，绕组一端线头接的换向器铜片与另一端线头接的换向器铜片相隔 90°或 180°（见图 3-14）。此种绕法，电枢转到某一位置时，因为某些绕组两端线头接到同极性电刷上，会造成一些绕组没有电流。由于波绕法的绕组电阻较低，所以常用。

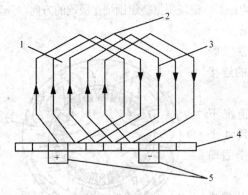

图 3-13　叠绕法展开示意

1—N 极；2—绕组；3—S 极；4—换向器；5—电刷

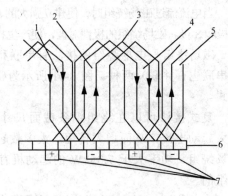

图 3-14　波绕法展开示意

1、4—N 极；2、5—S 极；3—绕组；6—换向器；7—电刷

　　（4）换向器及电刷。换向器由许多换向片组成，换向片的内侧制成燕尾形，嵌装在轴套上。换向片与换向片之间均用云母绝缘。电刷架一般为框式结构，其中正极刷架与端盖绝缘地固装，负极刷架直接搭铁。刷架上装有弹性较好的盘形弹簧。电刷由铜粉与石墨粉压制而成，呈棕红色，装在端盖上的电刷架中，通过电刷弹簧保持与换向片之间具有适当的压力。电刷与刷架的组合如图 3-15 所示。

　　电刷和装在电枢轴上的换向器用来连接磁场绕组和电枢绕组的电路，并使电枢轴上产生的电磁力矩保持固定方向。

　　2．直流电动机的原理

　　直流电动机的原理如图 3-16 所示。

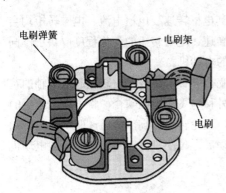

图 3-15　电刷与电刷架的组合

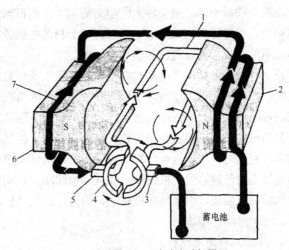

图 3-16　直流电动机原理

1—电枢绕组；2、6—极靴；3、5—电刷；4—开口的环形换向器；7—磁场绕组

在磁场中放置一个线圈，线圈的两点分别与两片换向片连接，两只电刷分别与两片换向片接触，并与蓄电池的正极或负极接通。电流方向：蓄电池"+"→磁场绕组→正电刷→换向片→电枢绕组→负电刷→蓄电池"−"。按照电枢绕组中的电流方向，由左手定则可以确定电枢左边受向上的作用力，右边受向下的作用力，整个电枢线圈受到逆时针方向的转矩作用而转动。当电枢转过半周后，换向片与正负电刷接触位置正好换位，电枢绕组因受转矩作用仍按逆时针方向转动。这样在电源连续对电动机供电时，其线圈就不停地按同一方向转动。

实际电动机的电枢采用多匝线圈，换向片的数量也随线圈绕组匝数的增多而增多。

电动机的电磁转矩 M 取决于磁通 Φ 与电枢电流 I_a 的乘积，可表示为

$$M=C_m\Phi I_a \tag{3-1}$$

式中，C_m 为电动机结构常数。

3. 直流电动机转矩自动调节过程

当电动机接入直流电源时，载流导体产生电磁转矩使电枢旋转。而电枢旋转时，线圈会切割磁力线产生感应电动势，其方向可用右手定则来判断。因其电动势的方向恰与电枢线圈电流方向相反，故称反电动势 E。其大小与电动机结构常数 C_e、电枢转速 n 及磁通 Φ 成正比，即

$$E=C_e\Phi n \tag{3-2}$$

因为反电动势方向与电源电压方向相反，因而在电动机工作时，其电压平衡方程式为

$$U=E-I_aR_a \tag{3-3}$$

式中，U 为电源电压，R_a 为电枢电路的电阻。

由此可得电枢电流为

$$I_a = \left(E-U\right)/R_a \tag{3-4}$$

可见，当电源电压 U 和电枢电阻 R_a 一定时，电枢电流将随反电动势的变化而作相反的变化，促使电磁转矩也发生变化。比如，当电动机负载增加时，由于轴上的阻力矩增大，电枢转速就会降低，故反电动势将随之减小，使电枢电流随之增大，因此电磁转矩也将随之增大，直到电动机的电磁转矩增加到与阻力矩相等时为止，这时电动机拖动新的负载以较低的转速平稳运转。相反，

当电动机负载减小时，由于轴上的阻力矩减小，电枢转速就会升高；反电动势亦随之增大，电枢电流减小，电磁转矩也随之减小，直到电动机的电磁转矩减小到与阻力矩相等时为止，这时电动机拖动新的负载在较高的转速下平稳运转。

由上述分析可知：当电动机拖动的负载发生变化时，其电枢转速、电枢电流、电磁转矩均会自动地作相应的变化，以满足不同负载的需要。因为电枢转速、电磁转矩的变化程度取决于不同形式的电动机，以此为依据就可以正确选用适合不同负载的电动机。

起动机的传动机构由驱动齿轮、单向离合器、拨叉、啮合弹簧等组成，安装在起动机轴的花键部分。起动时，传动机构使驱动齿轮沿起动机轴花键槽外移与飞轮齿圈啮合，将电动机产生的力矩通过飞轮传递给发动机曲轴，使发动机起动；起动后，飞轮转速提高，将通过驱动齿轮带动电动机轴高速旋转，引起电动机超速。因此，在发动机起动后，传动机构应使驱动齿轮与电动机脱开，防止电动机超速。

4．串励式直流电动机的特性

串励式直流电动机的转矩 M、转速 n 和功率 P 随电流变化的规律，称为直流串励式电动机的特性。图 3-17 所示为直流串励电动机的特性曲线，其中曲线 M、n 和 P 分别代表转矩特性、转速特性和功率特性。

（1）转矩特性。在起动机起动发动机的瞬间，因发动机的阻力矩很大，起动机处于完全制动状态。此时电枢转速为零，反电动势为零，电枢电流达到最大值，转矩也相应地达到最大值。转矩与电枢电流的平方成正比，所以制动电流所产生的转矩很大，足以克服发动机的阻力矩，使发动机起动变得很容易。这就是汽车起动机采用串励式电动机的主要原因之一。

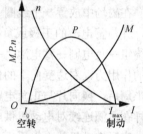

图 3-17　直流串励电动机的特性曲线

（2）转速特性。串励式电动机在输出转矩较大时，电枢电流较大，电动机转速随电流的增加而急剧下降；反之，在输出转矩较小时，电动机转速又随电枢电流的减小而很快上升。串励式电动机具有轻载转速高、重载转速低的特性，对保证起动安全可靠是非常有利的，是汽车上采用串励式起动机的又一重要原因。但是，轻载或空载时的高转速，容易使串励式电动机发生"飞车"事故。所以功率较大的串励式电动机不可在轻载或空载情况下使用；即使汽车起动机功率较小，也不可在轻载或空载状态下长时间运行。

（3）功率特性。串励式电动机的功率 P 可表示为

$$P = \frac{Mn}{9550} \tag{3-5}$$

式中，M 为电枢轴上的转矩（N·m）；n 为电枢转速（r/min）。

电动机完全制动时，转速和输出功率为零，转矩达到最大值。空载时电流最小，转速最大，输出功率也为零。当电枢电流接近制动电流一半时，电动机输出功率最大。

5．影响起动机工作特性的因素

起动机工作特性曲线是在一定温度下，配用一定容量和充电状态的蓄电池及电动机内阻不变条件下得出的。当这些条件变化时，电动机特性曲线也会变化。下面对影响起动机工作特性的因素进行简要分析。

（1）蓄电池容量和充电状况的影响。蓄电池是起动机的工作电源，因此蓄电池的容量和充电状况直接影响起动机的输出。蓄电池容量越大，充电越足，内阻越小，供给起动机电流越大，起

动机的输出功率、转速、起动转矩均增大，但是用增加蓄电池容量来改善起动机特性是有限度的，同时又增加了蓄电池的质量。因此，每种起动机应该具有规定容量的蓄电池来供电，这样既能保证发动机的正常起动，又能使整个起动系的质量最小。

（2）起动电动机电路的影响。主要是起动电路的电阻影响起动机工作性能。起动电路电阻包括电动机内部电阻（磁场绕组、电枢绕组和电刷接触电阻）、连接导线电阻以及导线连接处的接触电阻。

电路电阻增大，起动机的输出功率、转速、制动力矩均会降低。

对于结构一定的电动机，减小接触电阻的方法是：换向器圆度合适，表面清洁，外径不小于规定尺寸，电刷高度和工作面剥落程度不超过标准。电刷和换向器接触良好，电刷在刷架中无阻滞现象，电刷弹簧压力适当等。

为了减小连接导线电阻，必须选择足够截面积的导线并尽可能缩短其长度。我国汽车行业低压线的技术条件标准（QC/T 29106—2004）规定，在使用条件良好时，连接导线通过电流每百安培的最大电压降在 12V 系统时不大于 0.20V，24V 系统不大于 0.40V；在使用条件恶劣时，12V 系统为 0.10V，24V 系统为 0.17V，在实际工作中，还必须注意使导线两端接触良好。

（3）环境温度的影响。环境温度对起动系影响极大：一方面，温度降低时，蓄电池内阻增加，实际容量下降，虽然在低温时，连接导线的电阻及起动机内阻相对减小，但与蓄电池内阻的增加相比，数量极微。因此，在低温时，起动机的输出功率大幅度减小。另一方面，在低温情况下，发动机阻力矩增加，起动发动机所必须的转速提高，即起动发动机所需功率大大增加。因此，冬季应注意蓄电池保温，甚至采取必要的起动辅助措施。

二、传动机构

传动机构中，结构和工作情况比较复杂的是单向离合器，它的作用是传递电动机转矩、起动发动机，而在发动机起动后自动打滑，保护起动机电枢不致超速飞车。常用的单向离合器主要有以下几种。

1. 滚柱式单向离合器

（1）结构。图 3-18 所示为滚柱式单向离合器。

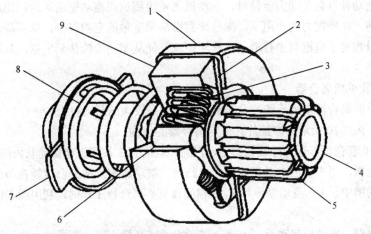

图 3-18　滚柱式离合器

1—外壳；2—滚柱挡板；3—滚珠弹簧；4—铜套；5—驱动齿轮；6—滚柱；

7—推动凸缘；8—缓冲弹簧；9—离合器外环

驱动齿轮 5 与外壳 1 连成一体，外壳内装有离合器外环 9，与传动导管固定连接，起动机电枢轴通过花键与传动导管的花键连接使其能够旋转。驱动齿轮 5 相对于离合器外环 9 能自由地转动。在外壳 1 与离合器外环 9 形成的楔形槽内分别装有一套滚柱 6 与滚柱弹簧 3，滚柱挡板压住滚柱后与外壳 1 相互扣合密封。在传动导管外面套有推动凸缘和缓冲弹簧。整个单向离合器总成利用传动导管套在电枢轴的花键上，离合器总成在推动凸缘 7 的作用下，可以在轴上移动，也可以随轴转动。

（2）工作原理。滚柱式离合器的工作原理如图 3-19 所示。发动机起动时，拨叉将离合器总成沿电枢轴花键推出，驱动齿轮 5 与发动机飞轮齿圈啮合，同时起动机通电，转矩由电枢轴传递到离合器外环 4，滚珠弹簧 2 压迫滚柱 3 滚向逐渐收紧的豁口滚珠楔紧驱动齿轮。这样，驱动齿轮 5 和离合器外环 4 锁定在一起，起动机转矩传递到发动机飞轮齿圈而起动发动机。

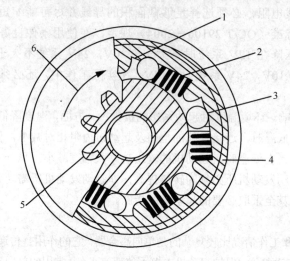

图 3-19　滚柱式离合器工作原理

1—逐渐收紧的豁口；2—滚珠弹簧；3—滚柱；4—离合器外环；5—驱动齿轮；6—电枢轴旋转方向

当发动机起动并以自身动力运转时，发动机飞轮齿圈试图拖动驱动齿轮以比起动机电枢轴快得多的速度旋转，在摩擦力的作用下，滚柱滚到楔形槽宽敞的空隙部分，从而释放驱动齿轮，使驱动齿轮轴可以相对于电枢自由打滑。这样转矩就不能从驱动齿轮传到电枢，从而防止了电枢超速飞散的危险。

2．摩擦片式单向离合器

摩擦片式单向离合器多用于柴油发动机使用的功率较大的起动机上。

（1）结构。图 3-20 所示为摩擦片式单向离合器的结构。

花键套筒 10 套在电枢轴的螺旋花键上，它的外表面有 3 条螺旋花键套着内结合鼓 9，内结合鼓上有 4 个轴上槽，用来插放主动摩擦片的内凸齿，被动摩擦片的外凸齿插在与驱动齿轮成一体的外接合鼓 1 的槽中。主、被动摩擦片 8、6 相间排列。离合器工作时，利用两者的摩擦力经凸齿传递转矩。

（2）工作原理。发动机起动后，内接合鼓开始瞬间是静止的，在惯性力作用下，内接合鼓由于花键套筒的旋转而左移，从而使主、被动摩擦片压紧而传力，电枢转矩最终传给驱动齿轮。发动机起动后，飞轮齿圈的转速高于驱动齿轮，于是内接合鼓又沿传动套筒的螺旋花键右移，使主、被动摩擦片出现间隙而打滑，避免了电枢超速飞散。摩擦片式单向离合器可以传递较大转矩，并能在超载时自动打滑，但由于摩擦片易磨损，需经常检查调整，其结构也较复杂。

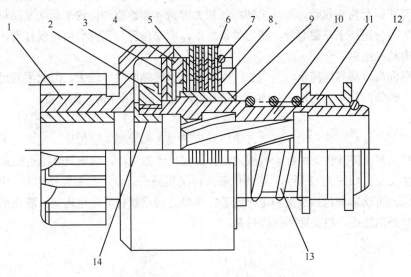

图 3-20　摩擦片式单向离合器

1—驱动齿轮与外接合鼓；2—螺母；3—弹性圈；4—压环；5—调整垫圈；6—被动摩擦片；7、12—卡环；

8—主动摩擦片；9—内接合鼓；10—花键套筒；11—移动衬套；13—缓冲弹簧；14—挡圈

3. 弹簧式单向离合器

（1）结构。图 3-21 所示为弹簧式单向离合器的结构。

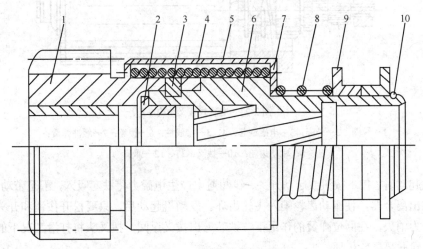

图 3-21　弹簧式单向离合器

1—驱动齿轮；2—挡圈；3—月形键；4—扭力弹簧；5—护圈；6—花键套筒；7—垫圈；

8—缓冲弹簧；9—移动衬套；10—卡簧

　　花键套筒 6 套在电枢轴的螺旋花键上，驱动齿轮 1 套在轴的光滑部分，两者间用 2 个月形键 3 连接，使驱动齿轮 1 与花键套筒 6 之间不能作轴向相互移动，但可以相对转动。在驱动齿轮柄和花键套筒外装有扭力弹簧 4，弹簧的两端各有 1/4 圈内径较小，分别箍紧在齿轮柄和花键套筒上。

（2）工作原理。起动发动机时，电枢轴带动花键套筒 6 稍有转动，扭力弹簧 4 顺着其螺旋方向将齿轮柄与花键套筒 6 包紧，起动机转矩经扭力弹簧 4 传给驱动齿轮 1 起动发动机。发动机起动后，驱动齿轮转速高于花键套筒，扭力弹簧放松，驱动齿轮与花键套筒松脱打滑，发动机的转矩不能传给电动机电枢。

弹簧式单向离合器结构简单，寿命长，成本低。但其轴向尺寸较大，因此主要用在一些大功率起动机上。例如，日本五十铃 TXD50 型汽车的起动机上使用弹簧式离合器。

4．拨叉

拨叉的作用是使离合器作轴向移动，将驱动齿轮啮入和脱离飞轮齿环。汽车上采用的拨叉一般有机械式拨叉和电磁式拨叉两种。机械式拨叉目前已经被淘汰，这里只介绍电磁式拨叉。

电磁式拨叉结构如图 3-22 所示。这种电磁式拨叉用外壳封装于起动机壳体上，由可动部分和静止部分组成。可动部分包括拨叉和电磁铁芯，两者之间用螺杆活动地连接。静止部分包括绕在电磁铁芯钢套外的线圈、拨叉轴和回位弹簧。

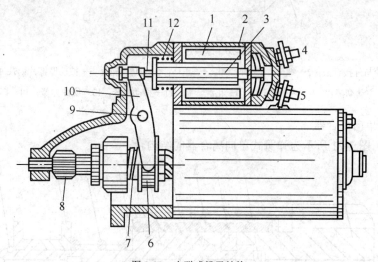

图 3-22　电磁式拨叉结构

1—线圈；2—外壳；3—电磁铁芯；4、5—接线柱；6—拨环；7—缓冲弹簧；

8—驱动齿轮；10—拨叉；11、12—弹簧

发动机起动时，按下按钮或起动开关，线圈通电产生电磁力将铁芯吸入，于是带动拨叉转动，由拨叉头推出离合器，使驱动齿轮啮入飞轮齿环。发动机起动后，只要松开按钮和开关，线圈就断电，电磁力消失，在回位弹簧的作用下，铁芯退出拨叉返回，拨叉头将打滑工况下的离合器拨回，驱动齿轮脱离飞轮齿环。

电磁式拨叉的结构紧凑，操作省力又方便，还不受安装位置的限制，因此现代汽车的起动机几乎全部采用这种拨叉。

三、控制装置

现代汽车上，起动机的控制装置均采用电磁式控制装置，即电磁开关。

作用：控制驱动齿轮与飞轮齿圈的啮合与分离；控制电动机电路的接通与切断。

1．电磁开关的结构

电磁开关的结构如图 3-23 所示。

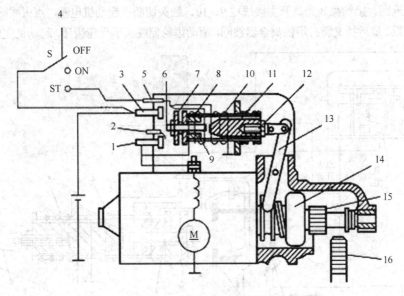

图 3-23 电磁开关结构图

1、3—主接线柱；2—附加电阻短路接线柱；4—点火开关；5—起动接线柱；6—推杆；7—接触盘；8—吸拉线圈；9—固
定铁芯；10—保持线圈；11—活动铁芯；12—调节螺钉；13—拨叉；14—单向离合器；15—驱动齿轮；16—飞轮

电磁开关上有两个线圈，吸拉线圈 8 和保持线圈 10，两线圈的公共端接起动开关或起动机接
线柱 5，吸拉线圈的另一端接起动机开关主接线柱 1，保持线圈的另一端搭铁。活动铁芯 11 与拨
叉 3 通过调节螺钉 12 相连，固定铁芯 9 的中心装有推杆 6，其上套有接触盘 7。活动铁芯 11、推
杆 6 及接触盘 7 上均有复位弹簧。

2．工作过程

QD124 型起动机的电路如图 3-24 所示。将点火开关 2 旋至起动挡位，起动继电器线圈通电，电
流由蓄电池正极→起动机主接线柱 9→电流表→点火开关起动触点→起动继电器的点火开关接线柱线
圈→搭铁→蓄电池负极，起动继电器 1 触点闭合，接通电磁开关电路。电磁开关的电流由蓄电池正极
→起动机主接线柱 9→起动继电器的蓄电池接线柱→继电器 1 触点→起动继电器的起动机接线柱→电
磁开关接线柱 16→吸引线圈 3→导电片 14→主接线柱 10→起动机→搭铁→蓄电池负极；同时电流由
电磁开关接线柱 16 经保持线圈 4 回到蓄电池负极。两个线圈的电流同方向产生合成电磁力将电磁活
动铁芯 5 吸入，在起动机缓慢转动之下，拨叉 6 推出滚柱式离合器，使驱动齿轮柔和地啮入飞轮齿环。

当齿轮啮合约一半时，活动铁芯 5 顶动推杆 7 移至极限位置，此时齿轮已全部啮合好，接触盘 8 同
时将辅助接线柱 13 和主接线柱 9、10 相继通，于是起动机在短接点火线圈附加电阻的条件下产生起
动转矩，将发动机起动。较大的起动电流直接从蓄电池正极→起动机主接线柱 9→接触盘 8→主接线柱
10→起动机→搭铁→蓄电池负极。电磁开关闭合后将吸引线圈 3 短接，齿轮的啮合靠保持线圈 4 产生的
电磁力维持在工作位置，此时保持线圈的工作电路为：蓄电池正极→起动机主接线柱 9→起动继电器电
池接线柱→触点→启动继电器的起动机接线柱→电磁开关接线柱 16→保持线圈 4→搭铁→蓄电池负极。

当发动机起动后，离合器开始打滑，松开点火开关钥匙即自动转回到点火挡位，起动继电器线圈
断电，触点跳开，使电磁开关两个线圈串联，吸引线圈 3 流过反向电流，加速电磁力的消失，其电路
为：蓄电池正极→起动机主接线柱 9→接触盘 8→主接线柱 10→导电片 14→吸引线圈 3→电磁开关接
线柱 16→保持线圈 4→搭铁→蓄电池负极。由于电磁开关电磁力迅速消失，活动铁芯 5 和推杆 7 在回

位弹簧作用下返回。接触盘 8 先离开主接线柱 9、10，触头切断了起动机电源，点火线圈附加电阻也随即接入点火系。最后拨叉将打滑的离合器拨回，驱动齿轮便脱离了飞轮齿环，起动机完成起动工作。

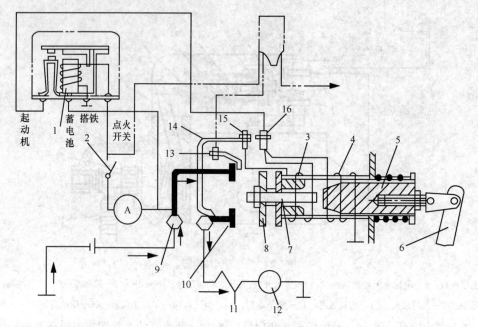

图 3-24　QD124 型起动机的电路

1—起动继电器；2—点火开关；3—吸引线圈；4—保持线圈；5—活动铁芯；6—拨叉；7—推杆；8—接触盘；

9—起动机主接线柱；10—主接线柱；11—磁场绕组；12—电枢绕组；13—辅助接线柱；

14—导电片；15—吸引线圈接线柱；16—电磁开关接线柱

3．带保护继电器的起动机控制电路

起动保护是指起动机在将发动机起动后能自动停止工作，而且还能在发动机运转工况下防止起动机误接入使用。

解放 CA1091 型汽车使用的 QD124H 和 QD124A 两种型号的电磁控制起动机，其总成结构和 QD124 型起动机相同，都是 1.5kW，但其加装了起动保护功能装置。这种具有起动保护的电磁操纵强制啮合式起动机的特点是采用 JD171 型组合继电器，如图 3-25 所示。

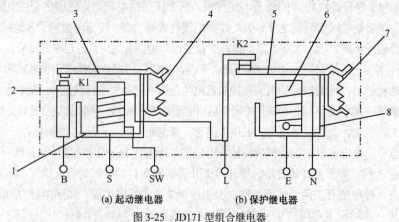

(a) 起动继电器　　　　(b) 保护继电器

图 3-25　JD171 型组合继电器

1、8—磁轭；2、6—铁芯；3、5—动铁；4、7—弹簧

JDl71 型组合继电器由两部分构成：一部分是起动继电器，其作用是与点火开关配合，控制起动机电磁开关中吸引线圈与保持线圈中电流的通断，以保护点火开关；另一部分是保护继电器，它的作用是与起动继电器配合，使起动电路具有自动保护功能，另外还控制充电指示灯。

组合继电器的结构，左侧为起动继电器，右侧为保护继电器。它们都由铁芯、线圈、磁轭、动铁、弹簧及一对触点组成，其中起动继电器触点 K_1 为常开式，而保护继电器触点 K_2 为常闭式。由于起动继电器线圈与保护继电器触点 K_2 串联，因此，当 K_2 打开时，K_1 不可能闭合。

任务实施

QD1215 起动机的解体与装配

一、实施前的准备

1. 工具、仪器

汽车常用维修工具、专用拉钩、台钳等。

2. 设备、材料

QD1215 起动机、工作台、清洁剂、抹布、砂纸等。

二、实施方法

图 3-26（a）为 QD1215 起动机的实物图，图 3-26（b）为它的分解图，按要求解体 QD1215 起动机，并认识其中各部件的名称。

(a) QD1215 型起动机实物

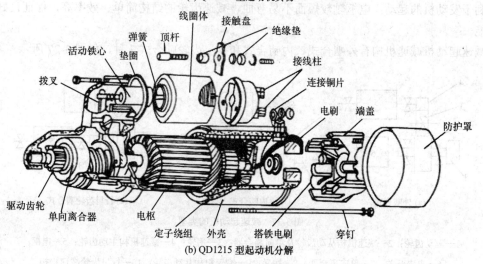

(b) QD1215 型起动机分解

图 3-26　QD1215 起动机的实物与分解

1．从车上拆卸起动机

（1）固定好汽车。

（2）断开蓄电池负极极柱连接导线。

（3）拆下起动机控制连接导线。

（4）拆下起动机主火线连接螺母。

（5）拆下起动机与飞轮壳的固定螺栓。

（6）清洁起动机外表。

2．解体步骤

（1）拆下电磁开关与电动机接线柱之间的连接铜片。

（2）拆下电磁开关与驱动端盖的紧固螺钉，取下电磁开关。

（3）拆下起动机防护罩。

（4）用电刷钩取出 4 只电刷。

（5）旋出两只穿心连接螺栓，使驱动端盖、定子、电刷端盖分离。

（6）拆下中间支承板螺钉、拆下拨叉销轴，从驱动端盖中取出转子（带中间支撑板、单向离合器）。

（7）拆下转子驱动端锁环，取下挡圈，取下单向离合器、中间支撑板。

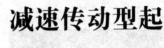

减速传动型起动机

相关知识

一、减速起动机

减速起动机在电枢和驱动齿轮之间装有一级减速齿轮（一般速比为 3～4），它的优点是：采用小型高速低转矩的电动机，使得起动机的体积小、质量轻而便于安装；提高起动机的起动转矩而有利于发动机的起动；电枢轴较短而不易弯曲、减速齿轮的结构简单、效率高，保证良好的力学性能。

减速起动机减速机构有外啮合式、内啮合式和行星齿轮啮合式 3 种，如图 3-27 所示。

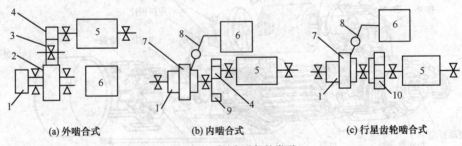

图 3-27 减速起动机的类型

1—驱动齿轮；2—减速机构从动齿轮及单向离合器；3—惰轮；4—减速机构主动齿轮；5—电枢；

6—电磁开关；7—单向离合器；8—拨叉；9—减速机构从动齿轮；10—行星齿轮减速机构

1. 外啮合式减速起动机

外啮合式减速起动机的结构如图 3-28 所示。

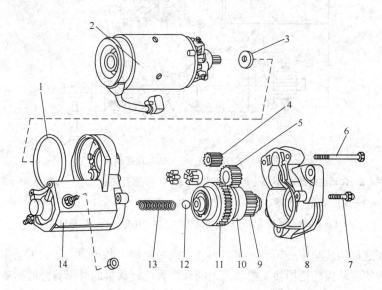

图 3-28　丰田系列汽车用外啮合式减速起动机

1—O 形橡胶圈　2—电动机　3—毡垫圈　4—主动齿轮　5—惰轮　6—拉紧螺栓　7—螺栓　8—传动外壳

9—驱动齿轮　10—单向离合器　11—从动齿轮　12—钢球　13—回位弹簧　14—电磁开关

外啮合式减速机构在电枢轴和起动机驱动齿轮之间用惰轮作过渡传动，电磁开关铁芯与驱动齿轮同轴，它直接推动驱动齿轮进入啮合，无需拨叉，因此起动机的外形与普通的起动机有较大的差别。也有一些外啮合式减速机构中间不加惰轮，驱动齿轮进入啮合还是通过拨叉来拨动（见图 3-29）。

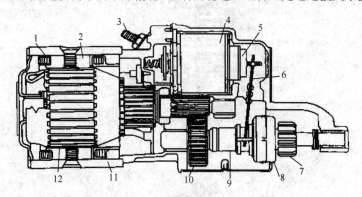

图 3-29　克莱斯勒汽车用外啮合式减速起动机

1—磁场绕组；2—磁极；3—电源接线柱；4—电磁开关；5—电磁开关活动铁芯；6—拨叉；7—驱动齿轮；

8—单向离合器；9—从动齿轮轴；10—减速机构从动齿轮；11—电动机外壳；12—电枢

外啮合式减速机构的传动中心距较大，受起动机结构的限制，其减速比不能太大，一般在小功率的起动机上应用。

2. 内啮合式减速起动机

图 3-30 所示为国产 QD254 型内啮合式减速起动机原理图。

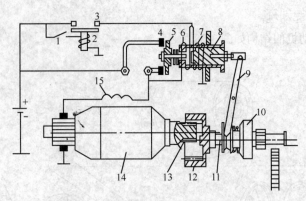

图 3-30   QD254 型内啮合式减速起动机

1—起动开关；2—起动继电器线圈；3—起动继电器触点；4—电磁开关触点；5—接触盘；6—吸引线圈；

7—保持线圈；8—活动铁芯；9—拨叉；10—单向离合器；11—螺旋花键轴；

12—内啮合减速齿轮；13—主动齿轮；14—电枢；15—磁场绕组

内啮合式减速机构传动中心距小，可以有较大的减速比，故可适用于较大功率的起动机。内啮合式减速机构的驱动齿轮仍用拨叉拨动进入啮合，因此起动机的外形与普通起动机相似。

3．行星齿轮啮合式减速起动机

图 3-31 所示为德国博世公司生产的 DW1.4 型行星齿轮啮合式减速起动机，磁极采用了永磁式磁铁。行星齿轮啮合式起动机由于输出轴与电枢轴同轴、同旋向，电枢轴无径向荷载，可使整机尺寸减小；除了增加行星齿轮减速机构的差别，行星齿轮式减速起动机其他轴向位置上的结构与普通起动机相同，因此配件可以是通用的，它具有结构紧凑、传动比大、效率高的特点。

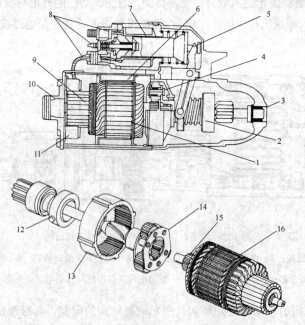

图 3-31   DW1.4 型永磁行星齿轮啮合式减速起动机

1、16—电枢；2—超速传动机构；3、10—轴承；4—行星齿轮减速器总成；5—拨叉；6—永久磁铁；7—活动铁芯；

8—电路接线柱；9—换向器；11—电刷；12—驱动圈；13—固定内齿圈；14—行星齿轮架；15—驱动齿轮

二、电枢移动式起动机

1．结构特点

电枢移动式起动机的电枢可作轴向移动，起动机不工作时，在回位弹簧力作用下，电枢与磁极错开一定的距离［见图 3-32（a）］。

驱动齿轮固定在电枢轴上，其轴向移动是由电枢的移动实现的。磁极除有主磁场绕组外，还有两个导线较细，但匝数较多、电阻较大的副绕组，其中一个与电动机并联，起吸引电枢移动和保持电枢在移动位置的作用；另一个与电动机的电枢绕组串联，主要用于吸引电枢移动。

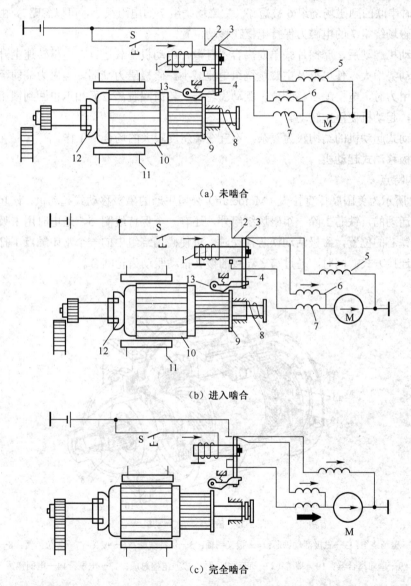

（a）未啮合

（b）进入啮合

（c）完全啮合

图 3-32 电枢移动式起动机的工作原理

1—电磁铁；2—静触点；3—接触桥；4—挡片；5—并联辅助励磁绕组；6—串联辅助励磁绕组；7—主励磁绕组；
8—回位弹簧；9—圆盘；10—电枢；11—磁极；12—摩擦片单向离合器；13—扣爪

2．工作原理

（1）起动时，接通起动开关 1，电磁线圈 2 通电后产生的磁力吸引接触桥 4 左移，但由于扣爪 9 顶住了挡片 8，使得接触桥只是单边接触，接通了副磁场绕组 5 和 6［见图 3-32（b）］。

（2）两副磁场绕组通电后，使磁极产生的电磁力吸引电枢向左轴向移动。由于这时电枢已有较小的电流通过而开始低速转动，使得驱动齿轮在慢慢转动中与飞轮齿圈啮合，从而避免了顶齿和冲击。当驱动齿轮与飞轮完全啮合时，换向器端面凸缘 11 将扣爪顶起，使挡片 8 脱扣，接触桥的下边也接触，于是起动机的主电路接通［见图 3-32（c）］，起动机便以正常的转速和转矩驱动发动机。此时串联的副磁场绕组 6 被短路（主磁场绕组 7 的电阻很小，可以忽略），由并联副磁场绕组 5 及主磁场绕组 7 的电磁力保持电枢在移动位置。

（3）发动机起动后，摩擦片式单向离合器打滑，电动机空载运行，电枢转速上升，电枢绕组产生的反电动势增大，使电枢及主磁场绕组电流减小，磁极磁力减弱。当磁力减弱至小于电枢回位弹簧的作用力时，电枢就右移回位，驱动齿轮与飞轮齿圈脱离，而扣爪也回到锁止位置。关闭起动开关后，起动机便停止转动。

电枢移动式起动机的结构较为复杂，不宜在倾斜度较大的场合下工作。

三、磁极移动式起动机

1．结构特点

图 3-33 所示为美国摩托克拉夫（Motocraft）公司生产的磁极移动式起动机，该起动机的一个磁极铁芯是活动的，铁芯上除一组磁场绕组外，还有一个保持线圈 5，通电时用来吸动活动铁芯并保持活动铁芯的位置，磁极活动铁芯移动时，可使磁场绕组中的一个常闭触点 1 打开，以改变磁场绕组的连接方式；同时，通过与之连接的拨叉推动驱动齿轮啮合。

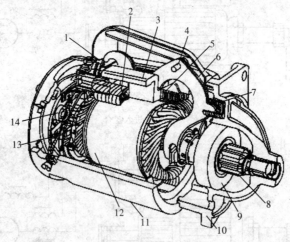

图 3-33　磁极移动式起动机

1—触点；2—磁场绕组；3—磁极活动铁芯；4—拨叉销轴；5—保持线圈；6—拨叉；7—复位弹簧；8—驱动齿轮；
9—单向离合器；10—端盖；11—起动机壳体；12—电枢总成；13—电刷；14—电刷弹簧

2．工作原理

磁极移动式起动机电路原理如图 3-34 所示。起动时，接通起动开关，起动继电器触点闭合，使起动机内部通电。磁场绕组 10 和保持线圈 7 产生的磁力使活动铁芯移动，通过拨叉将驱动齿轮推向飞轮齿环。在驱动齿轮完全啮合前，触点 6 处于闭合状态，构成一复励式电动机，电动机内部电路如图 3-35（a）所示。

串接的磁场绕组 11、12 的电流较小，而并接的磁场绕组 10 电流较大，因此转速较低，加之磁场绕组 13 产生相反方向的磁场，使电枢转动受到一个阻力，更进一步降低了电枢的转速，从而保证驱动齿轮在慢慢转动中啮入飞轮齿环，使啮合容易且较为柔和。

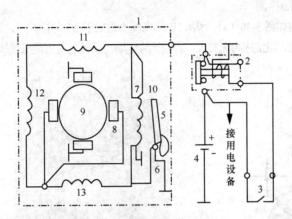

图 3-34　磁极移动式起动机电路原理

1—起动机；2—起动继电器；3—起动开关；4—蓄电池；5—磁极活动铁芯；6—触点；7—保持线圈；

8—电刷；9—电枢；10、11、12、13—磁场绕组

当驱动齿轮完全啮入后，触点 6 被断开，这时构成了串励式电动机，电路如图 3-35（b）所示。这时电枢便产生正常的电磁转矩，起动发动机。起动过程中，保持线圈 7 的磁力保持活动铁芯的位置，使驱动齿轮保持啮合、触点 6 保持断开，起动机保持正常工作。

发动机发动后，断开起动开关，起动继电器断电，起动机也断电，活动铁芯在回位弹簧力的作用下回位，带动单向离合器和驱动齿轮回位，触点 6 又闭合，起动机停止工作。

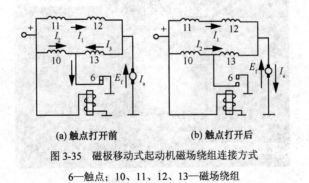

(a) 触点打开前　　　　(b) 触点打开后

图 3-35　磁极移动式起动机磁场绕组连接方式

6—触点；10、11、12、13—磁场绕组

任务实施

起动机主要零件的检测

一、实施前的准备

1．工具、仪器

汽车万用表、深度尺、砂纸、划线平台、百分表、磁性百分表座等。

2．设备、材料

实习用起动机、工作台、清洁剂、抹布、砂纸等。

二、实施方法

起动机主要零件有：电刷与电刷架、单向离合器、电磁开关、定子总成、拨叉、单向啮合齿轮。

1．电刷与电刷架的检测

电刷与电刷架的检测如图3-36（a）所示，电刷高度不得低于2/3标准尺寸，用万用表R×10k挡，测绝缘电刷架与底板应不导通，阻值应为无穷大，否则绝缘电刷与底板之间出现搭铁故障，如图3-36（b）所示。

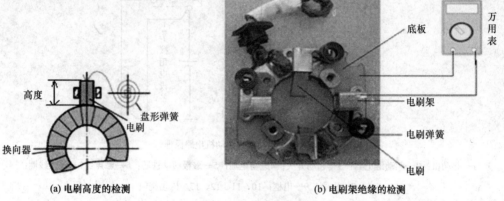

(a) 电刷高度的检测　　　　　　　　　　(b) 电刷架绝缘的检测

图 3-36　电刷与电刷架的检测

2．单向离合器的检测

单向离合器的检测如图3-37所示，一只手握住外座圈，另一只手转动驱动齿轮，应能自由转动；反转时不应转动，否则就有故障，应更换单向离合器。

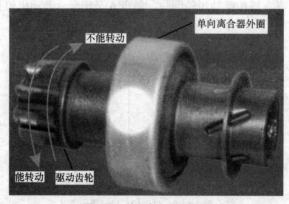

图 3-37　单向离合器的检验

3．电枢绕组的检测

电枢与换向器的结构如图 3-38（a）所示，换向器表面应光洁；用游标深度尺（或直尺）测量，凹槽深表面厚度不小于2mm，如图3-38（b）所示。

用万用表的R×10k挡，测电枢绕组与换向器铜片之间的电阻，阻值应为无穷大，否则为短路，如图3-38（c）所示。

用万用表的 R×1Ω挡，测电枢绕组换向器铜片之间的电阻，阻值应小于 0.5Ω，否则为断路，如图 3-38（d）所示。

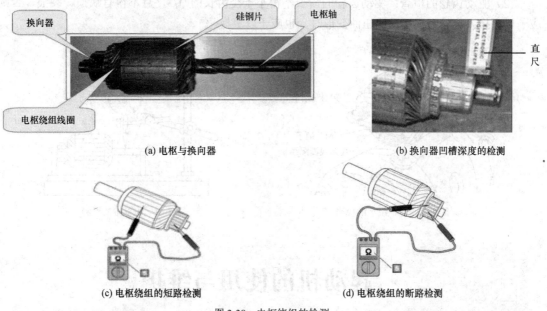

(a) 电枢与换向器

(b) 换向器凹槽深度的检测

(c) 电枢绕组的短路检测

(d) 电枢绕组的断路检测

图 3-38　电枢绕组的检测

4．定子绕组检测

用万用表的 R×10k 挡，测磁场接柱和外壳之间的电阻，如阻值为无穷大，则正常；如表针不动或为零则为搭铁故障，如图 3-39（a）所示；用万用表 R×1Ω测定子绕组的两引线端，若电阻为无穷大说明断路，如图 3-39（b）所示。

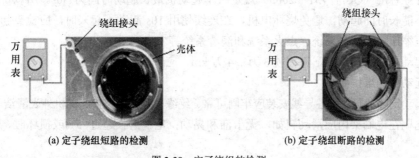

(a) 定子绕组短路的检测

(b) 定子绕组断路的检测

图 3-39　定子绕组的检测

5．电磁开关的检测

如图 3-40 所示，用万用表 R×1Ω挡分别测量吸引线圈（50 端子和 C 端子之间电阻）和保持线圈（50 端子和起动机壳体之间的电阻）的电阻，吸引线圈的电阻值一般在 0.6Ω以下，而保持线圈的电阻值一般为 1Ω左右。如万用表指针不摆动（即电阻无穷大），则说明线圈断路；若电阻值小于规定值，则说明线圈有匝间短路。

6．电枢轴弯曲度的检查

如图 3-41 所示，用百分表测量电枢轴，中间轴径的弯曲量不应超过 0.05mm，否则应更换。电枢轴上的花键槽如严重磨损或损坏应更换。

7. 传动机构的检修

（1）检查拨叉：拨叉应无变形、断裂、松旷等现象，回位弹簧应无锈蚀、弹力正常，否则应更换。

（2）驱动齿轮的检查：驱动齿轮的齿长不得小于全齿长的 1/3，且不得有缺损、裂痕，否则应予以更换；齿轮磨损严重或扭曲变形时，也应予以更换。

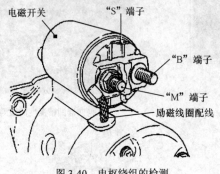

图 3-40　电枢绕组的检测

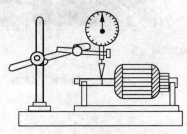

图 3-41　电枢轴的检测

任务4　起动机的使用与维护

相关知识

一、起动机使用时应注意两点

（1）禁止长时间使用。起动电动机与一般电机不同，安全使用时间非常短，一般在 10s 之内，国家汽车行业标准（QC/T 731—2005）规定汽车起动机最长起动时间为 30s。所以，发动机起动不起来就不能长时间起动，避免烧坏电机，在连续使用 10s 起动不起来时，应检查起动机之外的原因，如压缩压力、燃料系统、点火系统和润滑系统等。

（2）起动机的定期检查。每行驶 3 万～4 万 km，应进行分解检查。

二、起动机的维护要求

（1）起动机起动开关及各导线安装应牢固可靠、绝缘良好，并保护起动机外表清洁，防止短路。

（2）电刷在电刷架内应滑动自如，无卡滞和晃动；电刷磨损超过 5%或损坏时，应予以更新或修磨。

（3）检查换向器表面无脏污、烧蚀和磨损现象，必要时予以检修或更新。

（4）查看电枢轴有无弯曲，电枢轴前后铜套配合间隙及驱动齿轮铜套与轴配合间隙应符合要求。

（5）定子、转子绕组线头无脱焊现象，绝缘应良好，必要时予以修焊或更新。

（6）单向离合器夹在虎钳上转动齿轮，应能沿一个方向均匀转动，反之不能转动；用扭力扳手扳动时，应能承受制动试验时最大转矩而不打滑。

（7）电磁开关触点与接触盘表面无油污或烧蚀现象；电磁开关接线柱与吸合线圈无短路现象。

（8）为保证起动机使用性能，维修后应进行空转和全制动性能试验，达到规范后才能装车。

三、新型起动机的使用与维护特点

新型起动机在检修、使用、维护等方面，除应遵循一般起动机的要求外，还应针对其特点，并遵循生产厂家的要求。

（1）为了提高起动机的起动性能，减速起动机（包括永磁起动机）电枢铁芯与定子铁芯之间的间隙较小，一般为 0.4～0.5mm，因此，应特别注意检修时的装配质量，防止磁极与定子铁芯碰擦。

（2）永磁式起动机在进行性能测试时，务必使其与蓄电池的极性连接正确，否则将会造成磁极减退。

（3）部分厂牌起动机规定：组装后，应在某些结合面涂密封剂，如奥迪 100 型轿车起动机规定在 8 处使用 D3 密封剂密封。

（4）各润滑部位应使用厂家规定的润滑材料润滑，如奥迪 100 型轿车起动机的减速器与离合器均须使用 MoS_2 润滑脂润滑；挡圈与锁环应使用 MoS_2 润滑脂轻微润滑；更换新衬套时，应在压入之前将衬套在热润滑油中浸泡 5min。

（5）部分进口小型汽车（如丰田厂牌汽车）仅规定起动机空转性能，且仅测试启动电流值。

（6）部分汽车的起动机必须进行空转与负载性能测试（如切诺基吉普车），并采用专用检测仪，拔下分电器中央高压线，用点火开关接通起动机，测量蓄电池电压、电流值。

（7）行星齿轮减速起动机，除可能发生普通起动机的常见故障外，还可能产生电枢总成的转动、曲轴不转的故障。其原因多为行星齿轮减速器内齿圈（一般为尼龙材料）破裂。处理方法是：拆检起动机的减速器部分，更换内齿圈或起动机总成。

（8）永磁起动机出现起动机无力的故障原因，除可能是普通起动机无力的所有原因外，还可能是该起动机性能测试时，蓄电池极性接反，导致电动机磁极退磁。处理方法是：充磁或更换起动机总成。

任务实施

起动机的试验

一、实施前的准备

1. 工具、仪器

汽车万用表、常用维修工具等。

2. 设备、材料

实习用起动机、蓄电池、台钳、电源线、万能试验台等。

二、实施方法

1. 开关试验

（1）吸拉试验（见图 3-42）。

① 将起动机固定到台虎钳上。

② 拆下起动机 C 端子上的磁场绕组电缆引线端子，并用带夹电缆将起动机 C 端子和电磁开关壳体与蓄电池负极连接。

③ 用带夹电缆将起动机 50 端子与蓄电池正极连接。

此时应能看到啮合齿轮移出，否则，说明电磁开关吸拉线圈损坏。

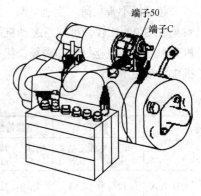

图 3-42　起动机吸拉试验

（2）保持动作试验。在吸拉试验的基础上，当驱动齿轮保持在伸出位置时，拆下电磁开关 C 端上的电缆夹。此时啮合齿轮应能维持不动，否则保持线圈损坏。

（3）回位动作试验。在保持动作试验的基础上，再拆下起动机壳体上的电缆夹，此时啮合齿轮应迅速回位。

2. 空载试验

试验方法如下。

（1）把起动机固定于台钳上，防止发生事故，如图 3-43（a）所示。

（2）如图 3-43（b）所示，连接起动机、电流表和蓄电池，连线为：蓄电池"＋"→电流表"＋"→电流表"－"→端子 30；蓄电池"－"→电动机本体。

（3）连接端子 50（与端子 30），若小齿轮顺利跳出，并稳定旋转，电刷无较强火花，电流表显示电流小于 50A（电压为 11V），表示空载性能良好。

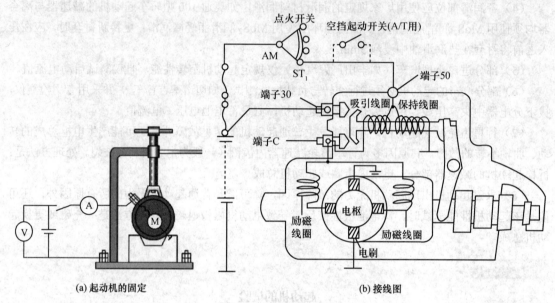

(a) 起动机的固定　　　　　　　　　　　　　(b) 接线图

图 3-43　起动机空载试验

起动机不带负荷，接通电源，测量起动机空载电流和转速，与标准值（几种起动机的性能参数见表 3-2）比较，可判断起动机是否有电气或机械故障。若电流过大而转速过低，则说明起动机装配过紧或电枢绕组和磁场绕组有短路或搭铁故障；若电流和转速都低于标准值，则说明电动机电路接触不良。

表 3-2　　　　　　　　　　　　起动机的性能参数

型号	规格		空载特性		全制动特性			电刷	驱动齿轮		适用车型
	额定电压/V	额定功率/kW	电流/A≤	转速/(r/min)	电压/V	电流/A≤	转矩/(N·m)≥	弹簧压力/N	齿数	齿轮行程/mm	
QD124A	12	1.85	95	5000	8	600	24		9	20	解放CA1091
QD124F	12	1.47	90	5000	8	650	29.4	2～15			解放CA1091
QD124H	12	1.47	90	5000	8	650	29.4	8～13	11		东风EQ1090
QD1211	12	1.8	90	5000	7.5	750	34	12～15	11		东风EQ1090
321	12	1.1	100	5000	6	525	15.7	12～15	9	20	北京2020N

续表

型号	规格		空载特性		全制动特性			电刷	驱动齿轮		适用车型
	额定电压/V	额定功率/kW	电流/A≤	转速/(r/min)	电压/V	电流/A≤	转矩/(N·m)≥	弹簧压力/N	齿数	齿轮行程/mm	
QD1255	12	0.96	45	6000	7	480	13		9		上海桑塔纳
QD142A	12	3	90	5000	7	650	25	12~15	9		南京依维柯
DW1.4	12	1.4	67	2900	9.6	160	13		9		北京切诺基
D6RA37	12	0.57	220	1000		350	85		9		神龙富康
QD25	24	3.5	90	6000	9	900	34.3		9		跃进 NJ1061
QD27E	24	8.08	120	6000	12	1700	142		11		五十铃 TD50AD

3．全制动试验

全制动试验是在空载试验后，通过测量起动机完全制动时的电流和转矩来检验起动机的性能是否良好。

（1）试验方法。如图 3-44 所示，将起动机夹持在试验台上，使杠杆的一端夹住起动机驱动齿轮的 3 个齿，按图 3-43（b）接线，通电后，测出起动机在完全制动时所产生的转矩和所通过的电流值，并与标准值（见表 3-2）比较，以判断起动机是否存在电气或机械故障。

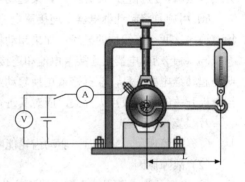

图 3-44 起动机的全制动试验

（2）判断。若电流大于标准值，而转矩小于标准值，则说明电枢或励磁绕组搭铁或短路；若电流、转速小于标准值，则说明电路接触不良；若驱动齿轮已锁死，电枢轴仍在转动，则说明单向齿轮打滑。

任务5 起动系的常见故障诊断与排除

相关知识

起动系常见的故障有：起动机不转、起动机运转无力、起动机空转、驱动齿轮与飞轮齿环撞击。

1．起动机不转

（1）故障现象。起动时，接通起动开关，起动机不转动，无动作迹象。

（2）故障原因。

① 电源故障。蓄电池严重亏电或极板硫化、短路等，蓄电池极柱与线夹接触不良，起动电路导线连接处松动或接触不良等。

② 起动机故障。换向器与电刷接触不良，磁场绕组或电枢绕组有断路或短路，绝缘电刷搭铁，电磁开关线圈断路、短路、搭铁或其触点烧蚀和接触不良等。

③ 起动继电器故障。起动继电器线圈断路、短路、搭铁或其触点接触不良。

④ 点火开关故障。点火开关接线松动或内部接触不良。

⑤ 起动系控制线路故障。线路有断路，导线接触不良或松脱，熔丝烧断等。

（3）故障诊断方法。

① 按喇叭或开前照灯，如果喇叭声音小或嘶哑或不响，灯光比平时暗淡，则说明电源有问题，应先检查蓄电池极柱与线夹、起动电路导线接头处是否有松动，触摸导线连接处是否发热。若某连接处松动或发热，则说明该处接触不良；若线路连接无问题，则应对蓄电池进行检查。

② 如果判断电源无问题，用旋具将起动机电磁开关上连接蓄电池和连接内部电动机的两接线柱短接；如果起动机不转，则说明是电动机内部有故障，应拆检起动机；如果起动机空转正常，则进行下一步检查。

③ 用旋具将电磁开关接线柱与起动机电源接线柱相连，如果起动机不转，则说明起动机电磁开关有故障，应拆检电磁开关；如果起动机运转正常，则说明故障在起动继电器或有关的线路。

④ 用旋具将起动继电器上连接蓄电池和起动机的两接线柱直接相连，如果起动机不转，则应检查连接这两个接线柱的导线；如果起动机能正常运转，则再作下一步检查。

⑤ 将起动继电器上连接蓄电池和连接点火开关的两接线柱直接相连，如果起动机不转，则说明是起动继电器不良，应拆修或更换起动继电器；如果起动机能正常运转，则故障在起动继电器至点火开关的导线或点火开关，应对其进行检修。

2．起动机运转无力

（1）故障现象。起动时，驱动齿轮能啮入飞轮齿环，但起动机转速明显偏低甚至停转。

（2）故障原因。

① 电源故障。蓄电池亏电或极板硫化、短路，起动电源导线连接处接触不良等。

② 起动机故障。换向器与电刷接触不良，电磁开关接触盘和触点接触不良，电动机磁场绕组或电枢绕组有局部短路等。

（3）故障诊断。起动机运转无力，首先检查起动机电源，如果起动机电源无问题，则应拆检起动机。

3．起动机空转

（1）故障现象。起动时，起动机转动，但发动机不转。

（2）故障原因。

① 单向离合器打滑。

② 飞轮齿环的某一部分严重缺损。

（3）故障诊断与排除。将发动机飞轮转一个角度，如果故障随之消失（但以后还会再现），则为飞轮齿环有缺损，应焊修或更换飞轮齿环；如果转动飞轮后起动机仍然空转，则需检修单向离合器。

4．驱动齿轮与飞轮齿环撞击

（1）故障现象。起动时，可听到驱动齿轮与飞轮齿环的金属碰击声，驱动齿轮不能啮入。

（2）故障原因。

① 电磁开关触点接通的时间过早，驱动齿轮在啮入以前就已高速旋转起来。

② 飞轮环齿磨损严重或驱动齿轮磨损严重。

（3）故障诊断。先适当调晚电磁开关触点的接通时间，若打齿现象不能消失，则应拆检起动机驱动齿轮和飞轮齿环。

5．电磁开关吸合不牢

（1）故障现象。起动时发动机不转，可听到驱动齿轮轴向来回窜动的声响。

（2）故障原因。

① 蓄电池亏电或起动机电源线路有接触不良之处。

② 起动继电器的断开电压过高。

③ 电磁开关保持线圈断路、短路或搭铁。

（3）故障诊断与排除。先检查起动机电源线路连接是否良好，若无问题，可将起动继电器连接蓄电池的接线柱和连接起动机的接线柱短接，如果起动机能正常转动，则为起动继电器断开电压过高，应予以调整；如果故障仍然出现，则应对蓄电池进行补充充电。如果蓄电池充足电后故障仍不能消除，则应拆检起动机电磁开关。

> **任务实施**

起动机典型故障诊断与排除

一、实施前的准备

1．工具、仪器

汽车万用表、常用维修工具、常用电工工具等。

2．设备、材料

实训车辆、举升机、保险丝、绝缘胶带等。

二、实施方法

案例一 起动机不转

1．车型

四缸奥迪轿车。

2．故障现象

四缸奥迪轿车起动发动机时，听到起动机"啪"的一声响，但起动机不工作。

3．故障诊断与排除

拔下起动机上的 50 号线，在接线与搭铁之间连接一试灯，将点火开关转到起动挡，灯泡被点亮，这说明点火开关正常，故障原因可能是电磁开关内的触点接触不良。更换电磁开关后，起动机工作正常，故障排除。

【解释】起动机起动时，蓄电池向起动机提供的电流应为 100A 左右，产生接触火花，极易使触点烧蚀，造成电磁开关触点接触不良，电路电阻增大，电流减小，电动机产生的电磁转矩不足以带动发动机运转，因而造成起动机不转的故障现象。

4．故障原因分析

（1）蓄电池存电量不足或极柱与连接线接触不良，造成蓄电池不能向起动机提供充足的起动电流，致使起动机不能正常运转。

（2）点火开关损坏，使得控制起动机电磁开关的电路不能导通，起动机不转。

（3）电磁开关吸引线圈，保持线圈短路或断路，将不能产生足够吸力使电磁开关闭合，没有接通起动电路。

（4）电磁开关触点严重烧蚀，导致接触不良，起动电流过小，起动机不转。

（5）整流器脏污或烧蚀，电刷磨损过甚，电刷弹簧过软或电刷卡滞在电刷架中，引起电刷和整流器接触不良或断路，使得起动机电流过小而不能正常运转。

（6）起动机磁场线圈、电枢线圈及蓄电池至起动机间连接断路或短路，发动机与车身、蓄电池与车身之间搭铁不良，都将引起起动机供电电流过小而不能正常运转。

5．故障诊断与排除程序

（1）开前照灯及按喇叭检查，若喇叭声音嘶哑低沉，灯光暗淡，表明蓄电池存电量不足或接线柱与导线接触不良。

（2）把点火开关转到起动挡，听电磁开关活动铁芯有无吸合声。

① 活动铁芯若无吸合声，拔下起动机端子 50，用试灯接起动机 D+插头，一端搭铁，点火开关转到起动挡，若试灯发亮，说明点火开关控制线路正常；若试灯不亮，应进一步检查。

a．用万用表电阻挡测点火开关端子 50 至起动机端子 50 之间的导线，其标准值应小于 0.5Ω。

b．用万用表电压挡测点火开关端子 30 电压，其标准值为 12V。

c．把点火开关转至起动挡，用万用表电压挡测点火开关端子 50 电压，其标准值为 12V。

若不符合以上标准，说明点火开关损坏或有断路故障，应逐段找出故障点予以排除。

② 若电磁开关有间断的"嗒嗒"声，则说明电磁开关的保持线圈断路。

③ 若电磁开关有"咔哒"吸合声，则应进行下一步检查。

（3）用螺丝刀或导线连接端子 30 和端子 C，若起动机运转，则说明电磁开关触点接触不良，应更换电磁开关或修复。

（4）检查发动机与车身、蓄电池与车身之间的搭铁点接触是否良好。

① 观察搭铁点有无锈蚀。

② 用手摇晃导线，看搭铁点是否松动。

③ 点火开关转到起动挡，用万用表电压挡测蓄电池搭铁线与车身之间的电压，读数应小于 0.5V。否则应拆卸搭铁点，清洁搭铁线与车身接触面。

（5）若起动机仍不运转，应拆检起动机。详见项目三的任务 2。

6．验证故障排除效果

点火开关转到起动挡时，起动机应能带动发动机正常运转。说明起动机不转故障已排除。

案例二　起动机不能停转

1．车型

桑塔纳 2000 轿车。

2．故障现象

起动发动机时，发动机着火后，点火开关退到点火挡，起动电动机仍然旋转不停。将蓄电池搭铁线拆开，起动机才停止运转；接上蓄电池搭铁线，再起动时，起动机却再也不转动。

3．故障诊断与排除

（1）检查电源熔断器完好。

（2）点火开关置于起动挡，起动机无转动迹象，同时用万用表电压挡量取端子 50 处的电压值仅为 1.5V（正常值为 12V），由此断定起动控制线路有接触不良或短路处。

（3）用万用表逐段检查故障点，发现点火开关至端子 50 之间的导线橡皮被刮破并与车身接触，形成搭铁回路。

（4）用绝缘胶布包扎破损处，认真加以固定，再次起动发动机，起动顺利，故障排除。

【解释】该车搭铁短路故障，是在正常起动发动机时发生的，在点火开关 ST_1 端子至起动机 50 端子之间发生搭铁短路后，即使关闭点火开关，起动开关吸引线圈中仍有电流通过，其路径为：蓄电池正极→端子 30→端子 C→吸引线圈→端子 50→搭铁故障点，因电磁开关主触点始终维持闭合状态，所以起动机始终旋转。

拆下电源线，起动机停止工作，电磁开关吸引线圈的磁力消失，开关铁芯复位，再起动时，由于短路点使得电磁开关短路，点火开关提供的电流绝大部分从短路点流走，因此起动机无反应。

4．故障原因分析

（1）点火开关故障使得点火开关不复位或复位以后起动控制电路仍然处于接通状态，起动机保持在工作状态，造成起动机不能停转故障。

（2）由于电磁开关烧结，复位弹簧过软，开关内部脏污，起动机驱动齿轮卡死在飞轮齿圈上等原因，导致电磁开关触点不能分离，起动机电路常接通，造成起动机不能停转故障。

（3）控制电路短路造成起动机不能停转的原因分析在案例一中已经详述，在此不再重复。

5．故障诊断与排除程序

（1）出现此故障时，应首先迅速拆除蓄电池搭铁线，然后进行检修，以免起动机被烧坏。

（2）拆下起动机端子 50，用万用表电压挡测量端子 50 的电压。点火开关转到起动挡，电压表应显示 12V。点火开关退到点火挡，电压表应显示 0V。

① 如果点火开关转到起动挡，电压小于 10V，则说明起动控制电路接触不良或短路，应用万用表顺着电路逐段检查。

② 如果点火开关退到点火挡，电压表仍显示为 12V，说明点火开关损坏，应更换或修复点火开关。

（3）查看起动机驱动小齿轮是否卡死在飞轮齿圈上。若齿轮卡死，应拆下起动机，查明原因予以排除。

其原因如下。

① 起动机安装螺栓松动，致使起动机轴线和曲轴线不平行。

② 起动机驱动小齿轮或飞轮齿圈破坏，不能正常啮合而卡死。

③ 驱动小齿轮复位弹簧折断。

④ 电磁开关活动铁芯卡滞。

⑤ 单向离合器在转子轴上卡滞。

（4）拆下起动机，检查驱动小齿轮和飞轮齿圈的齿面有无斑驳和破损，若有，应修复或更换。

（5）用手指或工具拉动小齿轮，放松小齿轮时，小齿轮应能自动复位。

（6）检查电磁开关。用万用表电阻挡测量开关端子 30 与 C 之间电阻，用手拉出小齿轮时，电阻应显示 0，释放小齿轮时，电阻应显示无穷大。否则说明开关烧结或卡滞。应更换或修复电磁开关。

6．验证故障排除效果

安装起动机，连接好导线，把点火开关转到起动挡时，起动机能够顺利起动发动机；点火开关退到点火挡时，起动机停转，说明起动机不能停转故障已排除。

思 考 与 练 习

1. 普通型电磁控制式起动机由哪几部分组成？各部分起什么作用？
2. 起动机直流电动机的种类和特点有哪些？
3. 串激式直流电动机由哪几部分组成？各部分的功用是什么？
4. 起动机传动机构装置由哪些部件组成？
5. 起动系统的控制装置是怎样工作的？
6. 简述滚柱式单向离合器的工作过程。
7. 简述行星齿轮减速装置的结构特点和动力传递路线。
8. 简述电磁操纵强制啮合式起动机的工作过程？
9. 什么是减速起动机？
10. 什么是起动机的空载特性？
11. 起动机常见的故障有哪些？
12. 简述起动机不转的诊断步骤。

项目四 4 照明与信号装置

◎ 了解照明灯、信号灯在汽车上的位置及作用。
◎ 掌握前照灯的照明要求及结构作用。
◎ 掌握照明、信号系统的电路工作原理。

知识目标

◎ 掌握前照灯电路的检测方法。
◎ 掌握转向灯电路的检测方法。
◎ 掌握倒车灯、制动灯电路及喇叭电路的检测方法。

能力目标

任务1 汽车照明系统

 相关知识

一、汽车照明灯具的作用及种类

1. 汽车照明灯的安装位置及种类

为提高汽车的行驶速度，确保夜间行车的安全，汽车上安装有很多照明灯具，汽车照明灯具按安装位置与用途不同，一般可分为外部照明装置、内部照明装置。外部照明灯如图 4-1 所示，内部照明灯如图 4-2 所示。

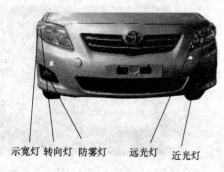

示宽灯　转向灯　防雾灯　　远光灯　　近光灯

(a)

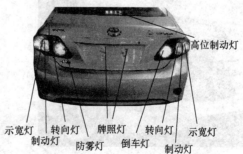

高位制动灯

示宽灯　转向灯　　牌照灯　　转向灯　　示宽灯
　　　制动灯　防雾灯　　倒车灯　　制动灯

(b)

图 4-1　汽车外部照明灯

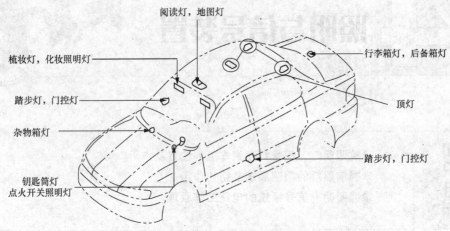

图 4-2　汽车内部照明灯

2．汽车照明灯具的作用

（1）前照灯。前照灯俗称大灯或头灯，装在汽车头部两侧，一般有两灯制、四灯制之分。远光灯功率一般为 40～60W，近光灯功率一般为 35～55W。其用途是夜间用来照明车前道路，同时还可以用远近光的变换，在超车时告知前方车辆避让。

（2）雾灯。安装在汽车头部或尾部。在雾天、下雪、暴雨或尘埃弥漫等情况下，用来改善车前道路的照明。前雾灯功率为 45～55W，光色为橙黄色。后雾灯功率为 21W 或 6W，光色为红色，以警示尾随车辆保持安全间距。

（3）牌照灯。装于汽车尾部牌照上方或左右两侧，用来照明汽车后牌照，功率一般为 5～10W，确保行人在车后 20m 处看清牌照上的文字及数字。

（4）倒车灯。安装在汽车尾部，当变速器挂倒挡时，自动发亮，照明车后侧，同时警示后方车辆、行人注意安全。功率一般为 20～25W，光色为白色。

（5）仪表及开关照明灯。装于汽车仪表板及各开关上，用于仪表及开关的照明。

（6）顶灯。顶灯装于驾驶室或车厢顶部，用于车内照明。

目前，大多数汽车将前照灯、前转向灯、前示位灯等组合在一起，构成前组合灯，如图 4-3 所示；将后位灯、后转向信号灯、制动信号灯、倒车灯组合起来称为组合后灯，如图 4-4 所示。

图 4-3　汽车前组合灯

图 4-4　发光二极管（LED）汽车后组合灯

二、汽车前照灯及其控制电路

（一）汽车前照明灯的结构及分类

1. 对汽车前照灯的基本要求

（1）前照灯应保证夜间车前有明亮而均匀的照明，使驾驶员能辨明 100m 以内道路上的任何物体。随着汽车行驶速度的不断提高，对前照灯的要求也越来越高，现代高速汽车的前照灯照明距离能达到 200～250m。

（2）前照灯应具有防眩目装置，以免夜间两车交会时造成对方驾驶员眩目而发生事故。

2. 前照灯的结构

前照灯主要由反射镜、配光镜和前照灯灯泡 3 部分组成。

（1）反射镜。反射镜的作用是将灯泡的光线聚合并导向前方，如图 4-5 所示。反射镜的表面形状呈旋转抛物面，如图 4-6 所示。

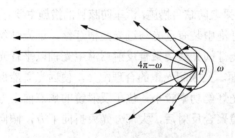

图 4-5　反射镜的作用

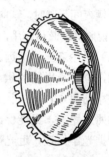

图 4-6　反射镜

（2）配光镜。配光镜又称散光玻璃，其作用是将反射镜反射出来的平行光束进行折射（见图 4-7），使车前路面和路缘都有良好而均匀的照明（见图 4-8）。

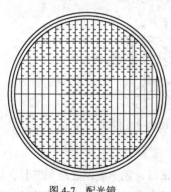

图 4-7　配光镜

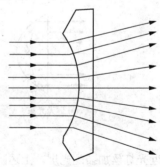

图 4-8　配光镜的作用

（3）前照灯灯泡。目前，常用的汽车前照灯的灯泡有白炽灯泡、卤素灯泡和 HID 气体放电灯灯泡（氙气灯泡）等几种。

① 白炽灯泡。白炽灯泡的灯丝用钨丝制成，灯丝的周围抽成真空并充满了惰性气体，由于钨丝受热后会蒸发，因此会缩短灯泡的使用寿命，如图 4-9 所示。

② 卤素灯泡。现在汽车上广泛使用利用卤钨再生循环原理制造的卤素灯泡，如图 4-10 所示。卤钨灯泡是在充入的惰性气体中渗入某种卤族元素，如碘、溴等，利用卤钨再生循环作用防止钨丝蒸发。卤素灯泡的玻璃是由耐高温、机械强度较高的石英玻璃或硬玻璃制成，灯泡内的气体压

力大，工作温度高，有效抑制钨的蒸发，其使用寿命及发光效率都优于白炽灯泡，在相同功率下，卤素灯泡的亮度是白炽灯的 1.5 倍，而寿命是白炽灯的 2～3 倍。

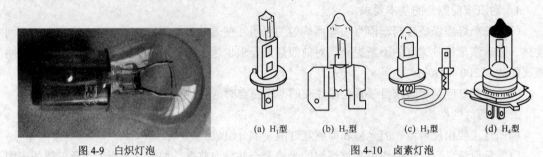

图 4-9　白炽灯泡

图 4-10　卤素灯泡

(a) H₁型　　(b) H₂型　　(c) H₃型　　(d) H₄型

3．前照灯防眩目装置

车辆夜间行驶时，其前照灯射出的强光束易造成对面车辆的驾驶员眩目，极易引发交通事故。为了避免前照灯的眩目作用，保证夜间行车安全，需要采取防眩目措施，汽车防眩目的措施主要有两种：

（1）采用双丝灯泡远、近光束变换。前照灯灯泡中装有远光与近光两根灯丝，远光灯丝的功率较大，位于反射镜的焦点。根据光学原理，远光灯的光线经聚合反射后沿主光轴以平行光束射向远方 [见图 4-11（a）]，照亮车前 150m 远的路面。又因配光镜的合理配光，使远光既能保证一定远的照射距离，又能保证一定的照射范围；近光灯丝功率较小，位于反射镜的焦点前上方或上方。根据光学原理，近光灯丝发出的光线经反射镜聚合反射后，大部分光束折向下方，倾向路面 [见图 4-11（b）]。

当夜间行车对面无来车时，可接用远光灯丝，使前照灯光束射向远方，便于提高车速；当两车相遇时，接用近光灯丝，使光束倾向路面，从而避免迎面来车驾驶员的眩目，并使车前 50m 内的路面也照得十分清晰。

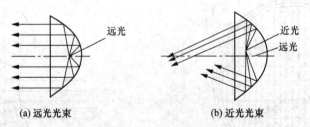

(a) 远光光束　　　　　　　　(b) 近光光束

图 4-11　远近光灯丝光束

（2）近光灯丝加装配光屏。上述防眩目措施只能减轻眩目，还不能彻底避免眩目。因为近光灯丝射向反射镜下部的光线经反射后，将倾斜向上照射，仍会使对面交会汽车的驾驶员眩目。为此，现代汽车前照灯的近光灯丝下方均装设配光屏（又称遮光罩、护罩或光束偏转器），用以遮挡近光灯丝射向反射镜下半部的光线，消除反射后向上照射的光束，提高防眩目效果，如图 4-12 所示。有些进口汽车的前照灯，还在近光灯丝的前方装设一个遮光罩，遮挡近光灯丝的直射光线，防止眩目。

4．前照灯类型

按光学组件的结构不同，可将前照灯分为半封闭式、封闭式两种。

（1）半封闭式前照灯。半封闭式前照灯的前透镜和反射镜密封，可从反射镜后端拆装灯泡，其优点是维修方便，但反射镜易被污染，这种类型的前照灯，灯泡可单独更换，分为常规式（见图 4-13）、投射式（见图 4-14）等。

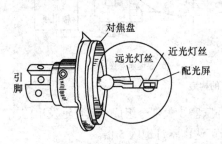

图 4-12　双丝灯泡结构

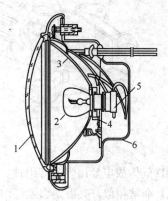

图 4-13　半封闭式前照灯

1—配光镜；2—灯泡；3—反射镜；4—插座；

5—接线盒；6—灯壳

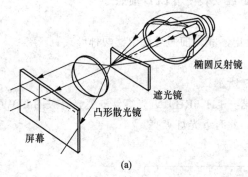

(a)

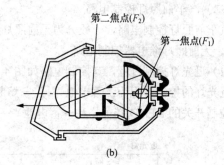

(b)

图 4-14　投射式前照灯结构

投射式前照灯的反射镜是椭圆形的，采用无刻纹的凸形配光镜，灯泡为卤素灯泡，反射镜有两个焦点：第一焦点处放置灯泡，第二焦点在灯光中形成。凸形配光镜的焦点与第二焦点重合。在第二焦点附近设有遮光板，可遮挡上半部分光，形成明暗分明的配光。这种配光特性可适用于前照灯，近、远光灯，也可用作雾灯。

（2）封闭式前照灯。在这种类型中，灯泡、反光镜和灯罩制为一体，内部充以惰性气体，灯丝直接焊接到反射镜底座上，反射镜的反射面采用真空镀铝工艺进行处理。如图 4-15 所示。封闭式前照灯完全避免了反射镜的污染，其发光效率高，使用寿命长，在中、高档汽车中很快普及。但因其配光镜、反射镜和灯丝制成一体，所以，当灯丝烧断后，只能更换总成件。

（3）HID 气体放电灯。HID 是 High Intensity Discharge Lamp（高亮度气体放电灯）的简称。这种灯具放电的气体是氙气，故亦称氙气灯，简称氙灯。HID 气体放电灯的灯泡里没有传统灯泡的灯丝，取而代之的是装在石英管内的两个电极，管内充有氙气（Xenon）及微量金属（或金属卤化物）。在电极上加上足够高的触发电压后，气体开始电离而导电发光，其结构如图 4-16 所示。

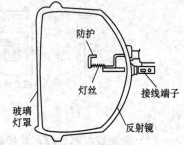

图 4-15　封闭式前照灯

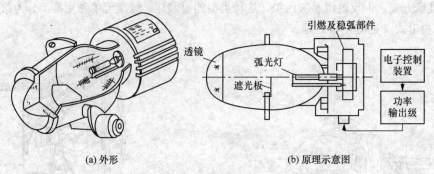

(a) 外形　　　　　　　　　　　　　　　(b) 原理示意图

图 4-16　氙气灯的构造

　　HID 气体放电灯由弧光灯组件、电子控制器和升压器 3 大部分组成。其灯泡发出的光色成分和日光灯非常相似，亮度是卤素灯泡的 2.5 倍，寿命可达卤素灯泡的 5 倍。

　　（4）LED 型前照灯。LED 型前照灯利用发光二极管的发光特性实现照明，其优点是明亮、节能、具有可靠性，而且点亮速度快，约 130ms，而普通灯泡的点亮速度是 200ms。LED 的寿命达 50000h（几乎与汽车同寿命）。目前，很多车辆已经安装使用 LED 前照灯。

　　（二）汽车前照灯控制电路

　　汽车前照灯控制电路，一般分为无前照灯继电器和带前照灯继电器两种形式。

　　1．无前照灯继电器控制电路

　　（1）近光灯控制过程，其控制电路如图 4-17 所示。

　　近光灯的控制过程为：蓄电池"＋"→熔断器→LH（RH）近光灯丝→变光开关的 LOW 挡→灯光控制开关的 HEAD 挡→搭铁→蓄电池"－"，此时近光灯点亮。

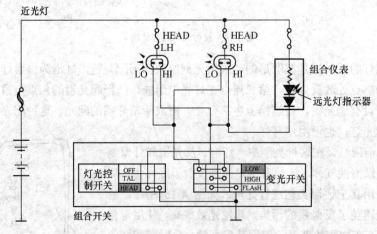

图 4-17　无继电器近光灯控制电路

　　（2）远光灯控制过程，其控制电路如图 4-18 所示。

　　远光灯的控制过程为：蓄电池"＋"→熔断器→LH（RH）远光灯丝、远光指示灯→变光开关的 HIGH 挡→灯光控制开关的 HEAD 挡→搭铁→蓄电池"－"，此时远光灯及远光指示灯点亮。

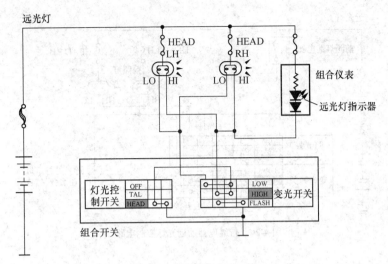

图 4-18 无继电器远光灯控制电路

2. 带前照灯继电器控制电路

（1）近光灯控制电路如图 4-19 所示，控制过程如下。

蓄电池"+"→熔断器→前照灯继电器线圈→灯光控制开关的 HEAD 挡→搭铁→蓄电池"−"。

蓄电池"+"→熔断器→前照灯继电器主触点→LH（RH）前照灯的近光灯丝 LO→变光开关的 LOW 挡→搭铁→蓄电池"−"，此时近光灯点亮。

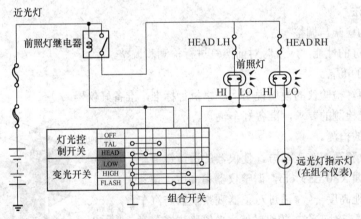

图 4-19 带继电器的近光灯控制电路

（2）远光灯控制电路如图 4-20 所示，控制过程如下。

蓄电池"+"→熔断器→前照灯继电器线圈→灯光控制开关的 HEAD 挡→搭铁→蓄电池"−"。

蓄电池"+"→熔断器→前照灯继电器主触点→LH（RH）前照灯的远光灯丝 HI→变光开关的 HIGH 挡→搭铁→蓄电池"−"，此时远光灯点亮。

蓄电池"+"→熔断器→前照灯继电器主触点→LH（RH）前照灯的近光灯丝 LO→远光指示灯→蓄电池"−"，此时，远光指示灯点亮，电路中的电流虽也流过前照灯（近光灯），但是由于它们的电流小，近光灯无法被点亮。

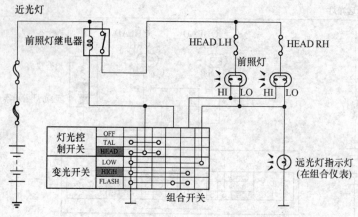

图 4-20 带继电器的远光灯控制电路

任务实施

前照灯的检验与调整

一、实施前的准备

1. 工具、仪器

数字万用表、常用电工工具等。

2. 设备、材料

实训轿车、汽车前照灯检验仪等。

二、实施方法

1. 前照灯的检验与调整

为保证前照灯的性能，应及时对前照灯进行检测和调整。

（1）检验前的准备。

① 根据前照灯检验仪的使用说明，严格执行标准，准备好仪器。

② 根据灯光检测的要求，准备好车辆。

（2）前照灯的检测。

① 将检验仪移至汽车正前方，使仪器的透镜镜面距前照灯配光镜镜面（30±5）cm，调整仪器箱高度，使其与前照灯中心离地高度一致。通过对正器观察仪器与汽车的相对位置，仪器应对正汽车的纵轴线，当仪器与汽车对正后，即可将仪器移至一任意前照灯前开始检验工作，如图 4-21 所示。

② 接通被检验前照灯的近光灯，光束则通过仪器箱的透镜照到仪器箱内的屏幕上。从观察窗目视，并旋转光束照射方向选择指示旋钮，使光形的明暗截止线左半部水平线段与屏幕上的实线重合，这时光束照射方向选择指示旋钮上的读数即为近光光束的下倾值，它表示前照灯近光照射到距离为 10m 屏幕上的光束中心下倾值，单位为"cm"。若光束下倾值不符合规定，应旋转前照灯

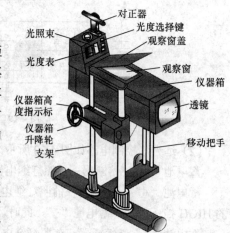

图 4-21 前照灯检验仪

上调整螺钉，使光束向上或向下移动，直至符合要求。

③ 读取近光光形明暗截止线的转角点与仪器屏幕上的 V-V 线不重合距离的读数，它表示被测近光灯射到距离为 10m 的屏幕上时，光束中心向左或向右的偏移值，单位为"cm"。若不符合规定，应调节前照灯水平方向的调整螺钉，使光束左、右偏移值符合要求。

④ 近光光束照射方向检验后，按下光度选择按键的近光Ⅲ按键（见图 4-22）。

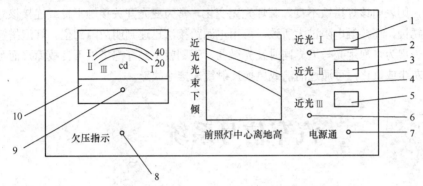

图 4-22　光度指示装置

1—远光Ⅰ按键；2—远光Ⅰ调零旋钮；3—远光Ⅱ按键；4—远光Ⅱ调零旋钮；5—近光Ⅲ按键；6—近光调零旋钮；
7—电源开关；8—电源电压指示灯；9—光度表调零旋钮；10—光度表

检验近光光束暗区的光度。观察光度表，发光强度在 625cd 以下为绿色区域，即合格区；超过 625cd 为红色区域，即为不合格区。

⑤ 检验远光光束。接通前照灯的远光灯，远光光束照射到屏幕上的最亮部分应当落在以屏幕上的圆孔为中心的区域，说明远光光束照射方向符合要求，如有上、下或左、右偏移，均应调整。

⑥ 检验远光灯的发光强度。按下远光Ⅰ按键，观察光度表，若发光强度不超过 20000cd，应按下远光Ⅱ按键，检验远光灯最小发光强度是否符合规定。发光强度超过 15000cd 的为绿色区域，即为合格区域；发光强度低于 15000cd 的为红色区域，即为不合格区域。发光强度大于 20000cd 时，光度表以远光Ⅰ读数为准；发光强度低于 20000cd 时，以远光Ⅱ读数为准。

同理，可采用同样的方法检查另一前照灯。

2．照明电路常见故障诊断与排除

（1）照明电路常见故障现象及原因见表 4-1。

表 4-1　　　　　　　　　　　　照明电路常见故障及原因

故　障　现　象	故　障　原　因
所有灯均不亮	蓄电池到点火开关之间导线断、车灯开关损坏、电源总熔丝断
前照灯远近光不亮	变光开关损坏、远近光中的一条导线断路、双灯丝灯泡中某灯丝烧断、灯光继电器损坏、车灯开关损坏
前照灯一侧亮，另一侧暗	前照灯暗的一侧存在搭铁不良、变光开关接触不良、左右两侧灯泡的功率不同
前照灯光暗	电源电压低、前照灯开关或继电器触点接触不良、熔丝松、导线接头松动

（2）故障诊断与排除。在诊断时，应根据不同的故障现象，采取不同的诊断方法。

① 前照灯的远近光均不亮。如果远光灯和近光灯都不亮，应先查仪表灯是否亮。如果仪表灯亮，说明车灯开关的电源线正常，将点火开关接通、车灯开关置于 2 挡位置，测变光开关上的相

线接线柱电压是否正常。若电压为零，说明车灯开关至变光开关之间断路或车灯开关有故障；若电压正常，可以进行跨接变光开关试验。若灯亮，说明变光开关损坏，应更换；若灯不亮，则检查变光开关后的线路。

② 前照灯一侧亮，另一侧暗。先查两侧灯泡的功率是否相同，可采用互换左右灯泡的办法进行判断。若灯泡功率一致，可用一根导线，一端接车身，另一端接灯光暗淡的灯泡搭铁接线柱，若恢复正常，则表明该灯搭铁不良。若灯光无变化，常为变光开关接触不良或连接该灯泡灯丝的插头松动或锈蚀，使接触电阻过大所致，可用电源跨接法迅速判明故障部位。灯泡搭铁不良时，灯光暗淡，表现为灯泡远光与近光同时发光微弱，否则就不是灯泡搭铁不良故障，而可能是前照灯反射镜有灰尘或氧化，可通过清洁或更换反射镜来排除故障。

任务2 汽车信号系统

相关知识

一、汽车信号系统种类

1．信号灯在汽车上的位置及种类。

信号系统主要用于向他人或其他车辆发出警告和示意的信号。

信号灯分为外信号灯和内信号灯，外信号灯是指转向指示灯、制动灯、尾灯、示廓灯、倒车灯，内信号灯泛指仪表板的指示灯，主要有转向、机油压力、充电、制动、关门提示等仪表指示灯。信号灯在汽车上的位置如图4-23所示。

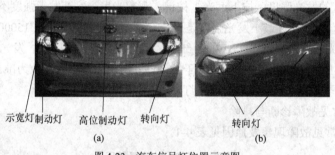

示宽灯制动灯　高位制动灯　转向灯　　　　　转向灯
(a)　　　　　　　　　　　　　(b)

图4-23　汽车信号灯位置示意图

2．信号灯的作用

（1）转向信号灯及指示灯。是汽车转向时告知周围车辆和行人的灯具，发出亮、灭交替的闪光信号，颜色为琥珀色，受转向开关和闪光器控制。

转向指示灯安装在仪表板上，是标识汽车转向并指正转向灯工作情况的灯具，它与转向信号灯并联，并一起工作。

（2）危险警告灯。危险警告灯由转向信号灯兼任。当汽车发生故障或遇有特殊情况时，按下标有△的红色按钮，此时汽车两侧的转向信号灯同时闪烁作为危险警告灯。国标（GB 7258《机动车安全运行技术条件》）规定，危险警告装置不受电源总开关的控制。

（3）位灯。位灯也称小灯，装于汽车前后部两侧，以示意其轮廓和存在。前位灯又称示宽灯，一般为白色或黄色，后位灯又称尾灯，为红色。

（4）制动灯。制动灯又称制动信号灯，俗称"刹车灯"。它装在汽车后面，多采用组合式灯具。其用途是在汽车制动停车或减速行驶时，向车后发出灯光信号，以警告尾随的车辆或行人。制动灯法定为红色，其灯泡功率一般为 20~40W，制动灯开关与制动踏板相连，只要制动，灯就会亮。

（5）门灯。是指示车门关闭状况的信号灯，受控于门控开关。

（6）倒车灯。汽车倒车灯用以在倒车时照亮车辆后面环境，警示车后的行人和车辆注意避让。前转向灯、示宽灯与前停车灯等统称前示廓灯。尾灯、制动灯、后转向灯及倒车灯等组合在一起，被称为组合后灯。

3．闪光器

当汽车要转向时，由驾驶员打开相应的转向灯开关，转向信号灯亮并按一定频率闪烁，以告知前后车辆驾驶员及行人。闪光器是控制转向信号灯闪烁频率的装置。

常见的闪光器（Flasher）有电热式、电容式、电子式等几类，如图 4-24 所示。

(a)　　　　(b)　　　　(c)

图 4-24　常见的闪光器

电热式闪光器结构简单，但闪光频率不够稳定，使用寿命短，已被淘汰。而电容式闪光器闪光频率稳定，电子式闪光器具有性能稳定、可靠等优点，故被广泛应用。

（1）电容式闪光器。电容式闪光器，根据衔铁线圈的接线不同分为电流型和电压型。所谓电流型，就是衔铁线圈与转向灯泡串联工作。电压型是闪光器的衔铁线圈与转向信号灯并联工作，如图 4-25 所示。电容式闪光器，主要是利用向电容器的充电和放电来控制转向信号灯的闪烁频率，现以电流型电容闪光器为例说明其工作过程。

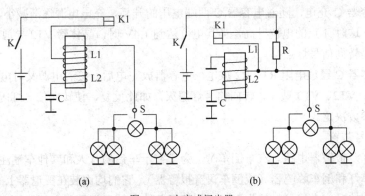

(a)　　　　　　　　(b)

图 4-25　电容式闪光器

当接通电源开关时，电流通过触点 K1 经线圈 L2 后向电容 C 充电。当转向开关接通转向信号灯时，电流通过串联线圈 L1 到转向信号灯及转向指示灯，由 L1 产生的电磁吸力，将常闭触点 Kl 打开，灯泡就不亮。触点 K1 断开，电容 C 开始放电，L1、L2 两线圈的吸力使触点断开，直至放电电流基本消失。放电电流消失后，触点 K1 在本身弹力作用下，回复闭合状态，此时流过 Ll 中的负荷电流与流过 L2 的充电电流方向相反，磁力互相抵消，K1 继续闭合，灯泡继续亮，当 C 接近充满电时，电流减小，两线圈产生的磁力失去平衡，吸下 K1，灯泡熄灭。如此反复工作，转向信号灯就以一定的频率闪烁。

（2）电子式闪光器。

① 带继电器的晶体管闪光器。带继电器的晶体管闪光器的工作原理如图 4-26 所示，它主要由晶体管开关电路和小型继电器组成。

当汽车打开右转向信号灯时，电流由蓄电池正极→电源开关 SW→接线柱 B→电阻 R1→继电器的常闭触点 J→接线柱 S→转向灯开关 K→右转向信号灯→搭铁→蓄电池负极，形成回路，右转向灯信号灯亮。当电流通过电阻 R1 上产生电压降，晶体管 VT 因正向偏

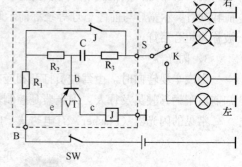

图 4-26 带继电器的晶体管闪光器

压而导通，集电极电流通过继电器线圈 J，使继电器的常闭触点立即打开，右转向信号灯随之熄灭。

晶体管导通的同时，其基极电流向电容器 C 充电。电流由蓄电池正极→电源开关 SW→接线柱 B→晶体管的反射极 e→基极 b→电容器 C→电阻 R3→接线柱轴转向灯开关 K→右转向灯→搭铁→蓄电池负极，形成回路。随着电容器电荷的积累，充电电池逐渐减小，晶体管的集电极电流也随之减小，当电流减小，线圈中产生的磁力不足以维持衔铁的吸合而释放时，继电器触点重又闭合，转向灯又再次发亮。这时电容器 C 通过电阻 R2、继电器触电 J、电阻 R3 放电。放电电流在 R2 产生的电压降为晶体管 VT 提供正向偏压使其导通。这样，电容器不断充电和放电，晶体管也就不断导通与截止，控制继电器触点反复打开、闭合，使转向信号灯闪烁。

② 无触点闪光器。无触点闪光器如图 4-27 所示，当转向灯开关打开时，晶体管 VT1 的基极电流由两路提供，一路经电阻 R2，另一路经电阻 R1 和电容器 C，晶体管 VT1 导通，复合晶体管 VT2、VT3 处于截止状态，因为 VT1 的导通电流很小，仅 60mA 左右，所以转向灯不亮。与此同时，电源对电容器 C 充电，随着电容器 C 两端电压的升高，充电电源逐渐减小，晶体管 VT1 由导通变为截止。这时 A 点的电位升高，当其电位达到 1.4V 时，晶体管 VT2 导通，晶体管 VT3 也随之导通，于是转向信号灯点亮。

此时，电容器 C 经过电阻 R1、R2 放电，电容器放完电后，接着电源又对电容器 C 充电，晶体管 VT1 导通，VT2、VT3 截止，转向信号灯熄灭，如此反复，使转向信号灯闪烁，闪光频率由电路中元件的参数决定。

4. 倒车信号装置

（1）倒车灯及报警器电路。汽车倒车时，为了警示车后的行人和其他车辆注意避让，在汽车的后部装有倒车灯和倒车蜂鸣器（或倒车语音报警器），它们均由装在变速器上的倒挡开关控制。当变速器挂入倒挡时，在拨叉轴的作用下，倒挡开关连通倒车报警器和倒车灯电路，从而发出声光倒车信号。图 4-28 所示为汽车倒车信号电路。

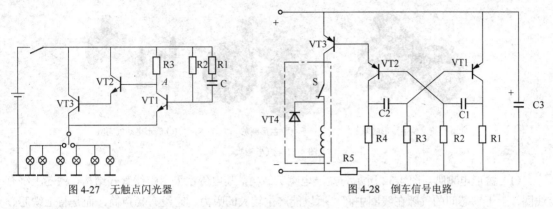

图 4-27　无触点闪光器　　　　　　　　图 4-28　倒车信号电路

（2）倒车蜂鸣器。倒车蜂鸣器是一种间歇发声的音响装置，图 4-29 所示为汽车装用的倒车蜂鸣器的电路。其发音部分是一只功率较小的电喇叭，控制电路是一个由无稳态电路（即多谐振荡器）和反相器组成的开关电路。

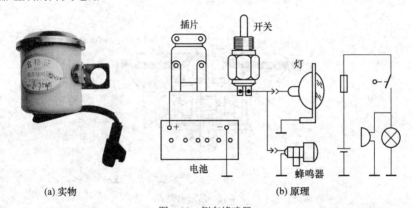

(a) 实物　　　　　　　　　　　　(b) 原理

图 4-29　倒车蜂鸣器

晶体管 VT1、VT2 组成无稳态电路，由于 VT1 和 VT2 之间采用电容器耦合，所以 VT1 与 VT2 只有两个暂时的稳定状态。或 VT1 导通、VT2 截止；或 VT1 截止、VT2 导通，这两个状态周期地自动翻转。VT3 在电路中起开关作用，它与 VT2 直接耦合，VT2 的发射极电流就是 VT3 的基极电流。当 VT2 导通时，VT3 基极有足够大的基极电流，导通并向 VD4 供电。VD4 通电使膜片振动，产生声音，当 VT2 截止时，VT3 因无基极电流也截止，VD4 断电响声停止，如此周而复始，VT3 按照无稳态电路的翻转频率不断地导通、截止，从而使得倒车蜂鸣器发出"嘀——嘀——嘀"的间歇鸣叫声。

（3）倒车语音报警器。随着集成电路技术的发展，现在已经能将语音信号压缩存储于集成电路中，制成倒车语音报警器（见图 4-30）。在汽车倒车时，能重复发出"请注意，倒车！"等声音，以此提醒车后行人避开车辆而确保安全倒车。

5. 电喇叭

汽车上都装有喇叭，用以警告行人和其他车辆，引起注意，保证行车安全。喇叭按发音动力的不同分为气喇叭和电喇叭 2 类；按外形分有螺旋形、筒形、盆形（见图 4-31）3 类；按声频分有高音和低音 2 种。电动喇叭声音悦耳、体积小、质量轻，已广泛用于各型汽车上。

图 4-30　BJY222 倒车语音报警器

(a) 螺旋（蜗牛）形喇叭　　　(b) 盆形喇叭　　　(c) 筒形电动气喇叭

图 4-31　汽车喇叭

（1）盆形电喇叭。图 4-32 所示为盆形电喇叭结构，其电磁铁采用螺线管式结构，铁芯上绕有线圈，上下铁芯间的气隙在线圈中间，所以能产生较大的吸力。它没有扬声筒，而是将上铁芯、膜片和共鸣板固装在中心轴上。当电路接通时，线圈产生吸力，上铁芯被吸下与铁芯碰撞，产生较低的基本频率，并激励与膜片一体的共鸣板产生共鸣，从而发出比基本频率强得多，且分布又比较集中的谐音，但触点间仍需并联一灭弧电容器。

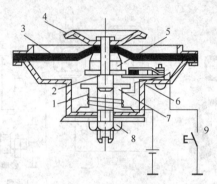

图 4-32　盆形电喇叭

1—线圈；2—上铁芯；3—膜片；4—共鸣板；5—衔铁；6—音量调整螺钉；7—铁芯；8—锁紧螺母；9—喇叭按钮

（2）无触点电喇叭。有触点电磁振动式电喇叭，由于触点烧蚀、氧化，影响输入电流，使喇叭变音，而且它的音色和音量不容易调整。无触点电喇叭则克服了上述缺点。晶体管控制的无触点电喇叭主要由多谐振荡器及功率放大器组成，图 4-33 所示为其电路图。图中的 VT1、VT2、VT3 构成一多谐振荡器。

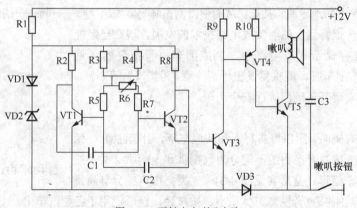

图 4-33　无触点电喇叭电路

为了保证其振荡频率稳定，多谐振荡器接在稳压电源上，由 VD2 稳压管供给稳压电源，二极管 VD1 为稳压管作温度补偿。VT4、VT5 组成直接耦合放大器，喇叭的激励线圈就接在 VT5 的集电极上。电容器 C 用于防止汽车点火电路引起的干扰。

如果振荡器线路中 VT2 截止，则 VT3 也截止，于是 VT4、VT5 导通，喇叭线圈中有电流，电磁系统吸动喇叭的膜片。如果 VT2 导通，VT3 也导通，于是 VT4、VT5 截止，喇叭线圈中无电流，膜片复位。从线路可知，如果 VT2、VT3 截止的时间越长，则喇叭线圈中通电的时间也越长，膜片的振幅就越大，声压级也就越大；相反，声压级就越小。这样，就可以方便地调整音量。只要改变 R4、R7 及 C1 的时间常数，也就是调整电位器 R4 就可以调整音量大小了。VD3 用于保护电路在反接时不会烧坏晶体管。

二、信号电路组成及工作原理

信号电路主要由转向灯信号电路、报警灯信号电路、制动灯信号电路、喇叭信号电路等组成。

1. 桑塔纳转向信号电路分析（见图 4-34）

（1）左转向时，向前拨动组合手柄开关，其转向灯开关 E2 的 49a 端子与 L 端子接通，左转向信号灯电路为：电源正极→中央线路板单端子插座 P 端子→中央线路板内部线路→中央线路板单端子插座 P 端子→点火开关 30 端子→点火开关 15 端子→中央线路板插座 A8 端子→中央线路板内部线路→熔丝 S19→中央线路板 A13 端子→T29/8→报警开关 E3 的 15 端子→报警开关 E3 的 49 端子→T29/6→中央线路板 A18 端子→复合式闪光器 J2 触点→中央线路板 A10 端子→T29/25→转向开关 E2 的 49a 端子→转向开关 E2 的 L 端子→中央线路板 A20 端子→中央线路板内部线路→中央线路板插座 C19、E6 端子→前左转向灯 M5、后左转向灯 M6→搭铁→电源负极。

（2）右转向时，向前拨动组合手柄开关，其转向灯开关 E2 的 49a 端子与 R 端子接通。右转向信号灯电路为：电源正极→中央线路板单端子插座 P 端子→中央线路板内部线路→中央线路板单端子插座 P 端子→点火开关 30 端子→点火开关 15 端子→中央线路板插座 A8 端子→中央线路板内部线路→熔丝 S19→中央线路板 A13 端子→T29/8→报警开关 E3 的 15 端子→报警开关 E3 的 49 端子→T29/6→中央线路板 A18 端子→复合式闪光器 J2 触点→中央线路板 A10 端子→T29/25→转向开关 E2 的 49a 端子→转向开关 E2 的 R 端子→中央线路板 A7 端子→中央线路板内部线路→中央线路板插座 C8、E11 端子→前右转向灯 M7、后右转向灯 M8→搭铁→电源负极。

在转向的同时，转向继电器 J2 的接线柱 49a 端子→中央线路板内部线路→中央线路板插座 A17 端子→转向指示灯 K5，转向指示灯闪亮。

（3）当汽车故障或有紧急情况需要发出报警信号时，按下报警灯开关 E3，报警灯开关 E3 的 R 和 L 端子都通电源。报警灯电路为：电源正极→中央线路板单端子插座 P 端子→中央线路板内部线路→中央线路板 30 号电源线→熔断器 S4→中央线路板 B28 端子→仪表板插座 T29/9→报警开关 E3 的 30 端子→报警开关 E3 的 49a 端子→报警开关 R、L 端子同时接通→中央线路板 A7 端子（A20 端子）→中央线路板内部线路→中央线路板 C8、E11（C19、E6 端子）→右前转向信号灯 M7 和后右转向灯 M8（左前转向信号灯 M5 和左后转向信号灯 M6）→搭铁→电源负极。所有转向灯同时闪亮，报警指示灯 K6 闪亮。

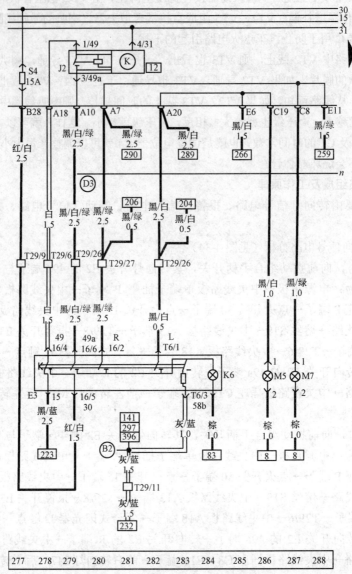

图 4-34 桑塔纳 2000 转向灯及危险报警灯电路

2．桑塔纳喇叭电路分析

（1）控制电路：蓄电池（＋）→15 号线→S18（喇叭保险丝）→中央配电板 A25→中央配电板 L1→J4（喇叭继电器）→中央配电板 L4→喇叭开关 71→搭铁。

（2）执行电路：15 号线→S16（喇叭保险丝）→中央配电板 C13→双音喇叭→中央配电板 C15→中央配电板 25→中央配电板 L2→喇叭继电器 J4→中央配电板 L3→搭铁。

3．丰田转向灯电路分析

（1）左转向灯电路。如图 4-35 所示，当转向信号开关移动到左边位置时，转向信号闪光器 EL 端子接地，电流流到 LL 端子，左转向信号灯闪烁。

（2）右转向灯电路。如图 4-36 所示，当转向信号开关移动到右边位置时，转向信号闪光器

ER 端子接地，电流流到 LR 端子，右转向信号灯闪烁。

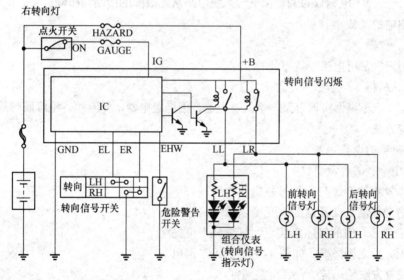

图 4-35　丰田车左转向灯电路

图 4-36　丰田车右转向灯电路

　如果某只转向信号灯泡烧坏了，则电流总量会减少，闪烁就会变快，以此来提醒驾驶员出现故障。

（3）危险警告灯电路。如图 4-37 所示，当危险警告灯开关移到 ON 位置时，转向信号闪光器 EHW 端子接地，电流流向 LL 和 LR 两个端子，所有转向信号灯闪烁。

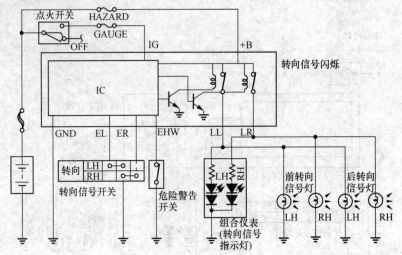

图 4-37 危险警告灯电路

电喇叭的调整及信号系统电路常见故障的诊断与排除

一、实施前的准备

1. 工具、仪器

数字万用表、常用电工工具等。

2. 设备、材料

实训轿车、汽车电器实训台架、喇叭继电器、闪光继电器、保险丝、绝缘胶带等。

二、实施方法

（一）电喇叭的调整

1. 盆形电喇叭的音调调整

汽车喇叭发出的音调与膜片每秒振动次数有关，振动越快，音调越高。其音调的改变可以通过调整活动铁芯与固定铁芯之间的气隙来实现，气隙减小可提高喇叭的音调，反之则降低。如图 4-38 所示，盆形电喇叭音调的调整方法是：转动音调调整螺钉。

2. 盆形电喇叭的音量调整

汽车喇叭音量的大小由电磁线圈工作电流大小决定，电流越大则音量越大；电流越小则音量越小。调整方法是：转动图 4-38 所示的音量调整螺钉，改变触点接触压力进行调整。

喇叭音调和音量的调整是相互影响的，因此应反复调整，直至声音悦耳为止。通常音量不宜调得过大，否则会损坏膜片，同时也会造成噪声污染。

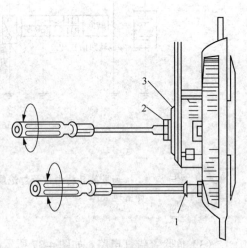

图 4-38 盆形电喇叭的调整

1—音量调整螺钉；2—音调调整螺钉；3—锁紧螺母

（二）汽车信号系统电路常见故障的诊断与排除

1. 转向灯和危险报警灯故障

常见故障有：转向灯均不亮；转向灯闪光频率不正常等。

故障原因有：熔断器熔断、闪光继电器损坏、转向灯开关损坏、导线接触不良和灯泡功率不适宜或某一边灯泡烧坏等。

所有的转向灯都不亮，一般是闪光器电源线或熔断器断路所致。

转向灯闪光频率不正常，一般是闪光器、转向灯开关接线松动或闪光器故障所致。

2. 倒车时倒车灯不亮

一般是倒车灯的灯泡损坏、倒车灯开关损坏或线路有断路故障所致。

思 考 与 练 习

1. 简述汽车照明灯具有哪些。各灯具的作用是什么？
2. 汽车前照灯的基本要求有哪些？
3. 汽车前照灯由哪几部分组成？各部分的作用是什么？
4. 根据图 4-19 分析带继电器的前照灯均不亮的原因。简述其检测步骤。
5. 根据图 4-20 简述带继电器远光灯控制电路的工作原理。
6. 根据图 4-26 简述带继电器的晶体管闪光器的工作原理。
7. 简述盆形电喇叭的工作原理。
8. 根据图 4-34 说明桑塔纳 2000 左转向信号灯的通路。

项目五 5 汽车仪表与报警装置

知识目标

◎ 正确认知仪表、报警装置的基本组成。
◎ 掌握各种仪表、报警装置的作用及使用方法。
◎ 掌握各种仪表、报警装置的结构及基本原理。

能力目标

◎ 掌握各仪表传感器的检测、检修方法。
◎ 掌握各仪表故障分析的方法。
◎ 熟练排除仪表、报警装置故障。

任务1 汽车仪表

相关知识

为使驾驶员随时了解汽车各系统的工作情况，以便及时发现和排除可能出现的故障，保证汽车可靠而安全地行驶，汽车上装有各种仪表，如电流表、机油压力表、水温表、燃油表、车速里程表和发动机转速表等。现代汽车仪表系统还设有变速挡位指示、计时时钟、环境温度表、路面倾斜表和地面高度表等。

一、汽车仪表概述

现代汽车仪表主要分模拟式和数字式两种（见图5-1）。传统机电模拟式汽车仪表主要有电流表、机油压力表、水温表、燃油表、发动机转速表和车速里程表等。

传统模拟式仪表均由指示表（表头）和传感器两大部分组成，两者用导线连接。指示表是用指针指示相对应的仪表数值；传感器是配合指示表工作，将被测物理量（如油压、水温、燃油量等）变为电信号。

1. 电流表

电流表用来指示蓄电池充电或放电的电流值，监视充电系统是否正常工作。汽车常用电流表有电磁式、动磁式两种。

（1）电磁式电流表。电磁式电流表的结构如图5-2所示。

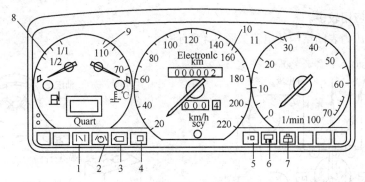

图 5-1 桑塔纳 2000 组合仪表

1—阻风门指示灯；2—制动警告灯；3—机油压力警告灯；5—远光指示灯；6—加热器指示灯；

7—冷却液液位指示灯；8—燃油表；9—水温表；10—车速里程表；11—转速表

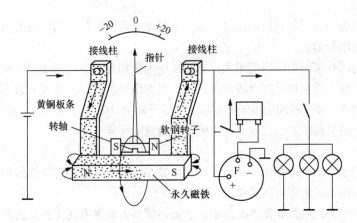

图 5-2 电磁式电流表

（2）动磁式电流表。动磁式电流表的结构：导电板固定在绝缘底板下，两端与接线柱相连，中间夹有磁轭，与导电板固定在一起的针轴上装有指针和永久磁铁转子总成。如图 5-3 所示。

动磁式电流表的工作原理：当没有电流通过时，永久磁铁转子通过磁轭构成磁回路，使指针保持在中间位置。当电流通过导电板时，在它的周围产生磁场，使浮装在导电板中心的磁钢指针向"−"偏转，显示放电电流值。电流越大，偏转越多；电流方向相反时，指针指向"+"，显示充电电流值。

（3）电流表使用注意事项。

① 不同型号的发电机应配用不同量程的电流表。

② 电流表串联在蓄电池和发电机之间且接线时极性不可接错。即：电流表"−"接线柱与蓄电池的正极相连，电流表"+"接线柱与发电机的"电枢 B+"接线柱相连。

③ 电流表只允许通过较小电流。一般汽车灯系、点火系、仪表系等长时间连续工作的小电流可经过电流表，短时间连续用电设备的大电流（如起动机、电喇叭等）均不通过电流表。

目前，大多数汽车上电流表已被结构简单而价廉的充电指示灯所取代。

2．机油压力表

机油压力表简称油压表，用来指示发动机润滑系统的机油压力，由装在发动机主油道上的油压传感器和仪表板上的机油压力指示表组成。机油压力表有电磁式、电热式、动磁式等几种，电磁式机油压力表应用较多。

电磁式机油压力表的结构及电路如图 5-4 所示。

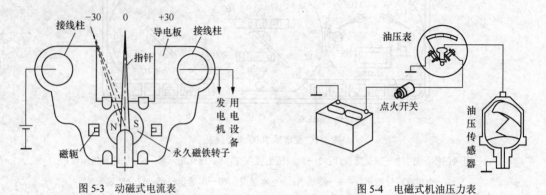

图 5-3 动磁式电流表　　　　　　　　　图 5-4 电磁式机油压力表

电磁式机油压力传感器是利用油压大小来改变可变电阻阻值的，当机油压力增大时，其电阻值减小；反之，电阻值增大。

当油压较低时，传感器中电阻值增大，右线圈中电流相对减小，左线圈中电流相对增大，转子转向合成磁场方向，带动指针指向较低油压值；当油压升高时，传感器中的电阻值减小，右线圈中的电流相对增大，而左线圈的电流相对减小，转子朝合成磁场方向转动，使指针指向较高值。

目前，汽车上的机油压力表已取消，由机油压力故障报警灯代替。

3. 水温表

水温表用来指示发动机冷却水工作温度，它由装在汽缸盖上的温度传感器和装在仪表板上的水温表组成。常用的水温表有电热式和电磁式两类。

电磁式水温表结构及电路如图 5-5 所示，水温传感器为受温度变化的负温度系数热敏电阻传感器。当发动机水温降低时，热敏电阻值增大；反之，热敏电阻值减小。

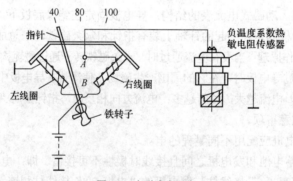

图 5-5 电磁式水温表

电磁式水温表的工作原理：当水温较低时，热敏电阻值大，右线圈中电流变小，磁场减弱，合成磁场主要取决于左线圈，使指针指在低温处。当冷却液温度升高时，传感器的电阻减小，右线圈中的电流增大，磁场增强，合成磁场偏移，转子便带动指针转动指向高温。

4. 燃油表

燃油表用来指示汽车油箱中的存油量。它与装在油箱内的燃油传感器配套工作。传感器一般为可变电阻式。

电磁式燃油表结构及电路如图 5-6 所示，电磁式燃油表由传感器和指示表组成。传感器的可变电阻末端搭铁，可避免滑片与可变电阻接触不良时产生火花；另一端经绝缘接线柱和指示表的一个接线柱相连。

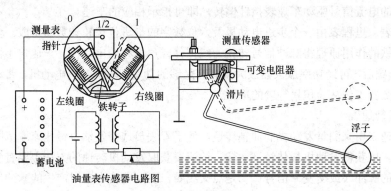

图 5-6　电磁式燃油表

电磁式燃油表的工作原理：当油箱无油时，浮子下沉，可变电阻上的滑片移至最右端，可变电阻被短路，右线圈也被短路，左线圈的电流达最大值，产生的电磁吸力最强，吸引转子，使指针停在最左面的"0"位。随着油箱中油量的增加，浮子上浮，带动滑片沿可变电阻滑动。可变电阻部分接入电路，左线圈电流相应减小，而右线圈中电流增大。转子在合成磁场的作用下向右偏转，带动指针指示油箱中的燃油量。当油箱内满油时，浮子带动滑片移至最左端，可变电阻值最大，这时左线圈上通过的电流最小，而右线圈的电流增至最大，转子在合成磁场的作用下向右偏转，带动指针至右端"1"的位置上。

5．车速里程表

车速里程表是用来指示汽车的行驶速度和累计行驶的里程。现代汽车大多采用电子式车速里程表（指针式）和数字液晶显示式车速里程表。

电子式车速里程表主要由车速传感器、电子电路、车速表和里程表 4 部分组成。其结构如图 5-7 所示。

（1）车速传感器。车速传感器由变速器驱动，其作用是产生正比于汽车行驶速度的电信号。如图 5-8 所示，它由一个舌簧开关和一个含有 4 对磁极的转子组成。转子每转一周，舌簧开关中的触点闭合 8 次，产生 8 个脉冲信号，汽车每行驶 1km，车速传感器将输出 4127 个脉冲。

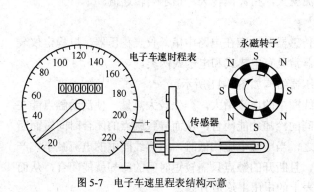

图 5-7　电子车速里程表结构示意

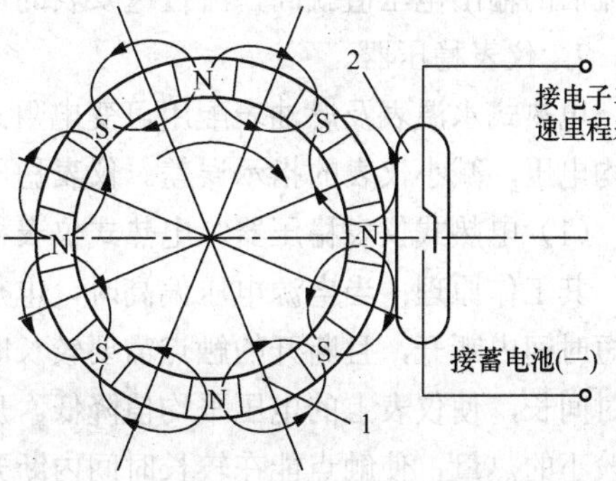

图 5-8　奥迪 100 车速传感器

1—塑料环；2—舌簧开关管

（2）电子电路。电子电路是将车速传感器送来的具有一定频率的电信号经整形、触发，输出一个与车速成正比的电流信号。

（3）电子车速表。车速表是一个磁电式电流表，当汽车以不同车速行驶时，从电子电路输出与车速成正比的电流信号驱动车速表指针偏转，即可指示相应的车速。

（4）里程表。里程表由一个步进电动机及六位数字的十进位齿轮计数器组成。步进电动机是一种利用电磁铁的作用原理将脉冲信号转换为线位移或角位移的电动机。车速传感器输出的频率信号，经 64 分频后，再经功率放大器放大到具有足够的功率，驱动步进电动机，带动 6 位数字的十进位齿轮计数器工作从而积累行驶的里程。

6．发动机转速表

发动机转速表用来测量发动机的曲轴转速，便于驾驶员选择发动机最佳速度范围，把握好车速和换挡时机，以获得发动机最佳经济运转。转速表获取发动机转速的方法主要有两种：一是转速传感器输出的脉冲（或交变）信号；二是点火线圈一次侧电流中断时产生的脉冲信号（只限于汽油机），如图 5-9 所示。

图 5-9　转速表

转速表的基本原理：对转速信号进行处理后，用电流（或电压）的大小通过机械指针式仪表将转速显示出来。图 5-10 所示为桑塔纳轿车的发动机转速表原理图。转速表的信号取自点火线圈的一次侧电流中断时的脉冲电流，该信号经整形电路整形后，加至频率/电压变换器，其输出信号与输入信号等频、等幅、等宽，而且其频率与发动机转速成正比。所以，当发动机转速较低时，该电路整流后的输出电压值就低，流过毫安表的电流就小，指针偏转小，指示低转速值。反之，整流后的输出电压值就高，流过毫安表的电流就大，指针偏转大，指示高转速值。

7．仪表稳压器

电热式水温表及燃油表配用可变电阻式传感器时，应在电路中串入仪表稳压器，以稳定仪表平均电压，减小仪表的指示误差。仪表稳压器常见有电热式和电子式两类。

（1）电热式仪表稳压器。电热式仪表稳压器结构如图 5-11 所示。

其工作原理：当电源电压偏高时，电热线圈中的电流增大，产生较大热量，使活动触点能在较短时间内断开，且断开的触点需要较长时间的冷却才能闭合，从而导致触点的闭合时间短而断开时间长，使仪表上的电压平均值降低。反之，当电源电压偏低时，电热线圈中的电流减小，产生较小的热量，使触点能在较长时间内断开，且断开的触点只需较短时间的冷却就能闭合，从而导致触点的闭合时间长而断开时间短，使仪表上的电压平均值升高。

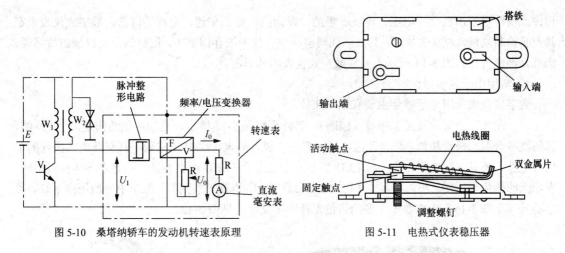

图 5-10 桑塔纳轿车的发动机转速表原理　　图 5-11 电热式仪表稳压器

（2）电子式仪表稳压器。电子式仪表稳压器具有输出电压稳定、保护功能完善、工作效率高、使用寿命长等特点。桑塔纳、奥迪轿车仪表板采用了专用的三端式电子仪表稳压器，一端为输出，"—"端为搭铁，"+"为输入端。该稳压器输出电压为 9.5～10.5V。

二、汽车仪表电路

汽车仪表电路因车型不同而有所差异。东风 EQ1092、解放 CA1092 仪表电路相同，用电流表指示充放电状态，油压表不配稳压器，水温表和燃油表配有电热式稳压器，EQ1092 汽车仪表稳压器输出直流平均电压为（8.6±0.15）V，CA1092 汽车仪表稳压器输出直流平均电压为（7±0.15）V，如图 5-12 所示。

上海桑塔纳轿车仪表电路如图 5-13 所示，燃油表、水温表配有电子三端稳压器，稳压器输出端直流平均电压为 9.5～10.5V。

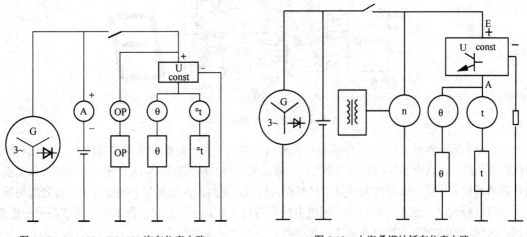

图 5-12 CA1092、EQ1092 汽车仪表电路　　图 5-13 上海桑塔纳轿车仪表电路

三、数字式仪表

前面介绍的汽车仪表是把模拟信号送入仪表，然后通过指针和刻度盘实现模拟显示，这是一种模拟仪表；数字式仪表是把外界模拟信号数字化后送入仪表电子控制单元（ECU），经过处理变成数字信号，再驱动荧光屏、液晶显示屏、数码管等显示器件或步进电机，通过数字、字母、柱

形图或指针显示出温度、电压、油压、燃油、发动机转速、车速、里程等信息。数字式仪表大都具有自诊断功能，若发生故障，其故障代码会存放在仪表的存储器中，用解码仪可以调出故障码，因此，维修方便。图 5-14 所示为一种数字式仪表的外形图。

1．常用电子显示器件

数字式仪表常用显示器件主要有以下几种。

（1）发光二极管。发光二极管（LED），其外形如图 5-15 所示，它的内部结构是一个 PN 结，其特性与普通二极管相似，只是死区电压比普通二极管要大，约 2V。它除了具有普通二极管的单向导电性，还具有发光能力。当给 LED 加上一定电压后，LED 就会发光。随着半导体材料不同，发出光的颜色也不同。可以用多个 LED 来组成数字、字和发光条图等。汽车中一般用指示灯、数字符号（见图 5-16）或点数不太多的带色光杆图形显示（见图 5-17）。

图 5-14　宝马（BMW）E60 轿车电子仪表

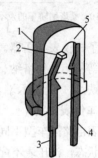

图 5-15　发光二极管

1—塑料外壳；2—二极管芯片；3—阴极引线；

4—阳极引线；5—导线

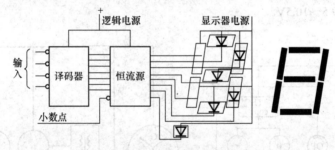

图 5-16　发光二极管数码显示板

（2）液晶显示器件（LCD）。液晶是一种有机化合物，在一定温度范围和条件下，既具有普通液体的流动性，也具有晶体的某些光学特性。液晶显示器的结构如图 5-18 所示。它由两片偏光板、两片玻璃基板，基板上涂有透明的导电材料作为电极，中间注入液晶层，另外再加上背光源组成。

当两电极通上一定电压时，位于通电电极范围内（要显示的数字、图形等）的液晶分子重新排列，这样，通电部分电极就形成了在发亮背景下的字符或图形。

（3）真空荧光管（VFD）。真空荧光管（VFD）是一种真空低压管，由钨丝、控制栅极和涂有磷光物质的玻璃组成，如图 5-19 所示。

VFD 为发光型显示器件，具有色彩鲜艳、可见度高、立体感强等优点，是目前汽车上采用最多的一种发光型显示器，但由于做成大型的多功能 VFD，成本较高，现在大多由一些单功能小型的 VFD 组成汽车电子式仪表盘。

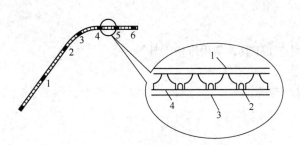

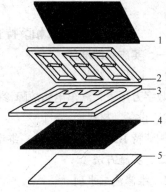

图 5-17　发光二极管组成的光条显示器

1—漫射器；2—LED；3—印刷电路板；4—分隔器

图 5-18　LCD 结构

1—前偏光板；2—前玻璃板；3—后玻璃板；

4—后偏光板；5—反射镜

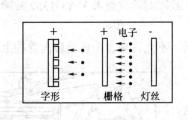

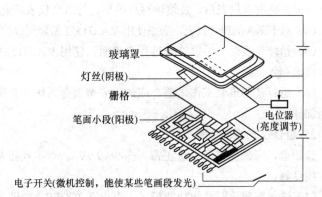

图 5-19　真空荧光管结构

2. 数字式仪表系统的组成

数字式仪表的计算机控制系统由 A/D 转换器、多路传输、中央处理器（CPU）、只读存储器（ROM）和随机存取存储器（RAM）以及输出接口等组成，如图 5-20 所示。它与各种信号传感器相连，利用来自不同传感器的模拟信号或数字信号通过接口电路、中央处理器、输出驱动电路，最后控制电子仪表的显示器。对于控制电子仪表的计算机，有的车型采用车身计算机来控制电子仪表，而有些车型采用单独的计算机来控制电子仪表。

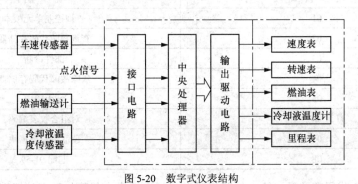

图 5-20　数字式仪表结构

任务实施

帕萨特 B5 轿车数字式汽车仪表的故障诊断

一、实施前的准备

1．工具、仪器

数字万用表、汽车电脑故障诊断仪、常用电工工具、常用维修工具等。

2．设备、材料

帕萨特 B5 轿车、保险丝、继电器、绝缘胶带等。

二、实施方法

1．维修注意事项

（1）该组合仪表是整体不可拆的，如果该仪器仪表有故障，必须整体更换。

（2）更换前应使用 V.A.G1551 故障阅读仪查询故障存储器，读取维护间隔显示的数值，查询收放机电子防盗系统编码。

（3）更换组合仪表后，必须填写故障单，与组合仪表一起送回，并且退回只能使用原件包装。

（4）对于新换的组合仪表，必须使用 V.A.G1551 故障阅读仪设置车速里程表读数和维护间隔显示。

（5）检修仪表时，必须首先进行自诊断，使用 V.A.G1551 故障阅读仪或者 V.A.G1552 故障阅读仪读取存入信息。

（6）进行任何维修工作之前，应解除安全气囊系统，否则，不允许施加电能至转向管柱上的任何部件。

2．组合仪表的自诊断

诊断前，应确保电源电压正常（至少 9.0V），保险丝正常，搭铁线良好。

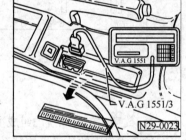

（1）进入车载诊断系统功能模式。点火开关 OFF，如图 5-21 所示，将适配器电缆（V.A.G1551/3）一端连于读码器，一端连于 DLC 接头；点火开关 ON，按下"PRINT"键接通打印机，按下"1"键，进入"快速数据传输"模式；输入地址字 17，进入"组合仪表"模式；按下"Q"键确认输入正确；按下"→"键，

图 5-21　连接适配器电缆

进入车载诊断系统功能模式。至此，可按表 5-1 选择输入期望的功能模式，转入相应的程序。

表 5-1　　　　　　　　　　功能模式说明

功　能　模　式	说　　　明
01	查询控制单元版本
02	查询故障代码存储器
03	部件诊断
04	清除故障代码存储器
05	结束输出
06	对组合仪表编码
07	读取测量数据块
08	匹配 01-59

（2）查询故障代码存储器。输入功能代码 02，进入"查询故障代码存储器"功能模式；按下

"Q"键确认输入，如果存储器存有 DTC，显示器显示存入的故障数量；按下"→"键，以提交 DTC 表。故障码含义见表 5-2。

表 5-2　　　　　　　　　　　　　　　　　故障码

故　障　码	故障码含义
01039	冷却液温度传感器故障
01086	车速传感器故障
00771	燃油量传感器故障
00779	外部环境温度传感器故障
65535	控制模块故障

注：该功能模式用于检索存储的故障代码 DTC。

（3）部件诊断。输入功能代码 03，进入"部件诊断"功能模式；按下"Q"键确认输入；按下"→"键，仪表将扫过全部量程并移至预设位置（见表 5-3）；继续按下"→"键，将完成对其他部件的诊断。

表 5-3　　　　　　　　　　　　　　　　仪表预设位置

仪　　表	预 设 位 置
冷却液温度表	88℃
发动机转速表	3000r/min
车速里程表	105km/h
燃油表	1/2

注：该功能可以检查车速表、转速表、冷却液温度指示器、燃油液面指示器、里程显示、多功能显示、数字时钟、油压报警蜂鸣器。该功能必须在发动机停转、车辆静止情况下进行。

（4）清除故障代码存储器。输入功能代码 05，进入"清除故障代码存储器"功能模式；按下"Q"键确认输入，故障存储器即被清除。

只有在查询故障代码存储器，并且排除所有故障后，才能清除故障代码存储器。

（5）结束输出。输入功能代码 06，进入"结束输出"功能模式；按下"Q"键确认输入，退出车载诊断系统；点火开关 OFF，断开 V.A.G1551 故障阅读仪并安装数据传输接头（DLC）的护盖。

诊断完毕后，应结束输出，退出车载诊断系统。

（6）对组合仪表编码。输入功能代码 07，进入"对组合仪表编码"功能模式；按下"Q"键确认输入；根据编码表输入代码编号，并按下"Q"键确认输入；按下"→"键，直至返回选择功能模式。

使用该功能模式可以对组合仪表进行编码，编码内容包括国别、汽缸数量、发动机类型、选装设备。如果汽车安装了一个以上选装设备，选装设备编码应为各选装设备的代码相加求和。

（7）读出测量数据块。输入功能代码 07，进入"读出测量数据块"功能模式；按下"Q"键确认输入；输入显示组号，例如输入"002"，并按下"Q"键确认输入，即显示数据块 2 的数据。

　　使用该功能时，显示器上始终显示着传感器的实际值，而组合仪表显示滤波后的数值，所以，这些数值可能会有偏差。

（8）匹配。燃油表的匹配过程：如果燃油表显示的油量太高或太低（燃油表和传感器无故障），就可以使用该功能进行校正；点火开关 OFF，完全倒空燃油箱，然后装入 10L 燃油；输入功能代码 08，进入"匹配"功能模式，并按下"Q"键确认；按表 5-4 输入通道号 30，并按下"Q"键确认输入；按下"1"键或"3"键，调整匹配值；如果指针指在右边红色标志上，那么燃油表匹配正确，此时按下"Q"键确认输入，存储已修改的匹配值；按下"→"键，结束燃油表匹配，回到选择功能模式。

　　该功能可实现维护周期显示（SIA）的匹配、更换仪表板时里程计数器的匹配、复位维护周期、燃油储存量的匹配、燃油消耗指示的校正和适用于导航显示设备的语言种类的编码。

表 5–4　　　　　　　　　　　　　　匹配通道号

匹配通道号	匹配功能模式
03	燃油消耗指示的校正
04	适用于导航显示设备的语言种类的编码（仅适用于高档仪表）
09	里程计数器的匹配
10	适用于更换机油维护（OEL）里程计数器的维护间隔数据
11	适用于里程检验（INSP）里程计数器的维护间隔数据
12	适用于时间检验（INSP）里程计数器的维护周期数据
30	燃油储存量的匹配

　　在一个匹配值修改之后，或在一个匹配通道结束之后，为了进入一个其他的匹配通道，必须重新执行"10-匹配"功能模式。

任务2　汽车报警装置

相关知识

　　为了警示汽车某系统处于不良或特殊状态，引起汽车驾驶员的注意，保证汽车可靠工作和安全行驶，防止事故发生，汽车上安装了许多报警装置，如机油压力过低、冷却液温度过高、燃油储存量过少、制动液液面过低等报警灯。

报警装置一般由传感器和红色警告灯组成。

1. 机油压力报警灯

在汽车上，除装有机油压力表外，还装有机油压力报警灯。

当润滑系统机油压力低于标准值时，机油压力报警灯亮，以引起驾驶员注意。在现代很多汽车上已将机油压力表取消，只用机油压力报警灯监测润滑系统的工作情况。常见的机油压力报警灯有弹簧管式机油压力报警灯和膜片式机油压力报警灯，其结构如图 5-22 所示。

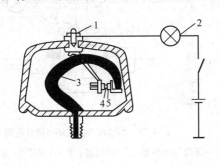
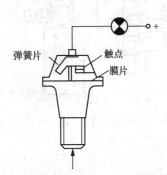

(a) 弹簧管式机油压力报警开关控制电路　　(b) 膜片式机油压力报警开关控制电路

图 5-22　机油压力报警灯

1—弹簧管式机油压力报警开关接线柱；2—机油压力报警灯；3—管形弹簧；4—固定触点；5—活动触点

弹簧管式机油压力报警灯的工作原理：当润滑系统机油压力达到允许值时，管形弹簧变形程度增大，使动静触点分开，报警灯中无电流通过，报警灯熄灭。当润滑系统机油压力低于允许值时，管形弹簧几乎不变形，动静触点闭合，报警灯中电流通过，报警灯亮，以示警告。

2. 冷却液温度报警灯

汽车上除装设有冷却液温度表外，还装有冷却液温度报警灯，当冷却液温度不正常时，冷却液报警灯发出灯光信号，以示警告。冷却液温度报警灯电路如图 5-23 所示。

其工作原理：

当冷却水温正常时，双金属片变形小，触点断开，报警灯不亮。当冷却水温升高到 95℃～105℃时，双金属片由于温度升高而弯曲变形较大，使触点闭合，报警灯电路接通，报警灯点亮。

3. 燃油不足报警灯

燃油不足报警灯在燃油箱内燃油减少到某一规定值时点亮，以警告驾驶员注意，其电路如图 5-24 所示，它由热

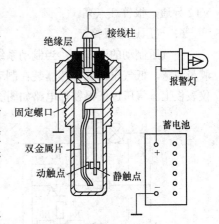

图 5-23　冷却液温度报警灯电路

敏电阻式燃油油量报警传感器和报警灯组成。当燃油箱内燃油量多时，负温度系数的热敏电阻元件浸没在燃油中，散热快，其温度较低，电阻值大，所以电路中电流很小，报警灯处于熄灭状态；当燃油减少到规定值以下时，热敏电阻元件露出油面，散热慢，温度升高，电阻值减少，电流增大，则报警灯发亮。

4. 制动液液面过低报警灯

制动液液面过低报警灯用来在制动液液面降到规定值时，报警灯亮，警告驾驶员进行维护。

如图 5-25 所示，传感器是装在制动液储液罐中的舌簧管继电器，其接线柱与报警灯相连，浮子上固定着永久磁铁。当制动液液面下降到规定值时，通过浮子带动永久磁铁使舌簧管触点闭合，接通报警灯电路，发出警告；当制动液液面上升时，浮子上升，吸力减弱，舌簧管触点靠自身弹力张开，报警灯电路断开，报警灯熄灭。

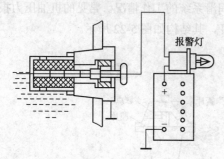

图 5-24 燃油不足报警灯电路

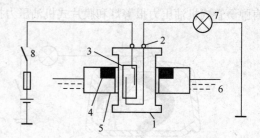

图 5-25 制动液液面过低报警灯电路

1—舌簧开关外壳；2—接线柱；3—舌簧开关；4—永久磁铁；

5—浮子；6—制动液液面；7—制动液不足报警灯；8—点火开关

5．蓄电池液面过低报警灯

蓄电池液面过低报警灯用于当蓄电池液面下降时向驾驶员警告，以便进行维护，其结构如图 5-26 所示。

当蓄电池液面高度正常时，传感器铅棒上的电位为 8V，从而使 VT1 导通，VT2 截止，报警灯不亮。

当蓄电池液面在最低限以下时，铅棒无法与电解液接触，也就无正电位，从而使 VT1 截止，VT2 导通，报警灯点亮。

6．气压过低报警灯

在气压制动的汽车上，当制动系统气压过低时，制动系统低气压报警灯即发亮，引起汽车驾驶员注意。低气压报警传感器装在制动系储气筒或制动阀压缩空气输入管路中，红色报警灯装在仪表板上。气压过低报警灯电路如图 5-27 所示。

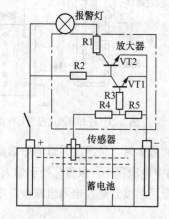

图 5-26 蓄电池液面过低报警灯电路

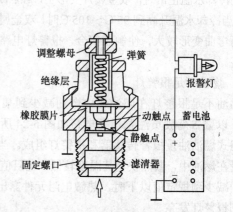

图 5-27 气压过低报警灯电路

其工作原理：电源接通后，当制动系储气筒内的气压下降到 340～370kPa 时，作用在报警传感器膜片下方的压力减小，于是膜片在复位弹簧的作用下向下移动而使触点闭合，电路接通，低气压报警灯发亮。当储气筒中的气压升高到 400kPa 以上时，传感器中的膜片下方所受的推力增大，使复位弹簧压缩，触点打开，于是电路断开。

任务实施

模拟式汽车仪表的拆装与故障诊断

一、实施前的准备

1. 工具、仪器

数字万用表、汽车电脑故障诊断仪、常用电工工具等。

2. 设备、材料

实训轿车、汽车电器实训台架、保险丝、继电器、绝缘胶带等。

二、实施方法

（一）模拟式汽车仪表的拆装

拆装注意事项如下。

（1）拆装组合仪表时，应先拆下蓄电池负极电缆，防止在使用金属工具或操作拆线时造成线路短路。

（2）拆组合仪表装饰面板时，要将所有固定螺钉全部拆除，否则强行拆卸将会损坏装饰面板。

（3）拆卸组合仪表后的线束插接器时，先解除插接器锁止装置，然后将插接器分开，防止强力分开插接器。

（4）从电路板上拆下仪表表芯、电源稳压器、照明及指示灯时，要小心，不要损坏印制电路。

（5）更换仪表表头或仪表传感器时，应注意仪表与传感器必须配套使用。

（6）拆装仪表及传感器时，应注意动作要轻，不要敲打。

（7）注意电热式机油压力传感器安装时有方向要求。

（8）仪表与传感器的接线、传感器的搭铁必须可靠。

（9）电磁式仪表的接线柱有极性之分，不得接错。

（二）汽车仪表与报警装置电路故障的诊断与排除

1. 典型汽车仪表与报警装置电路分析

桑塔纳仪表和报警电路主要由车速里程表、发动机转速表、燃油表、冷却液温度表以及机油压力警告灯、冷却液不足报警灯等组成。

（1）发动机转速。桑塔纳轿车采用电子式发动机转速表，其工作原理如图 5-28 所示。转速表的转速信号取自点火线圈初级电流产生的脉冲信号。

（2）燃油表。桑塔纳轿车所用燃油表为电热式，其工作原理：燃油表与冷却液温度表及其指示灯共用一个稳压电源，接通点火开关后，稳压器向燃油表提供 9.5～10.5V 的稳定电压，电流经燃油表加热线圈→仪表板印刷线路板→T14/3→B3→E5→蓝/黑色导线→燃油表传感器→搭铁，如图 5-29 所示。

（3）冷却液温度表。桑塔纳轿车所用冷却液温度表为电热式，与燃油表共用一个稳压器，冷却液温度表的工作电压为 9.5～10.5V。

① 水温表传感器外壳直接搭铁，其上有一黄/红色导线进入中央线路板接点 D20→B7→黄/红色导线→仪表板印刷线路板→Tl4/4→冷却液温度表→搭铁。

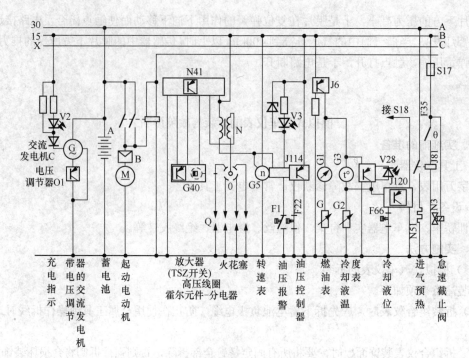

图 5-28　桑塔纳轿车仪表与报警灯电路

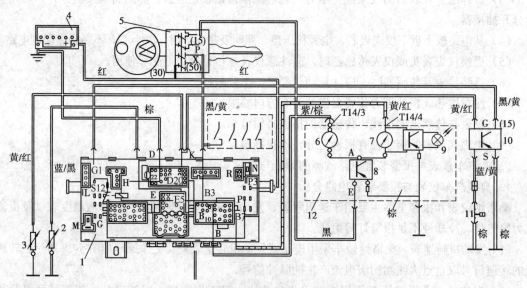

图 5-29　燃油表及冷却液液面、温度指示装置

1—中央接线盒；2—燃油表传感器；3—冷却液温度传感器；4—蓄电池；5—点火开关；6—燃油表；

7—冷却液温度表；8—稳压器；9—冷却液温度指示灯；10—冷却液不足指示器控制器；

11—冷却液不足指示器开关；12—仪表板

② 冷却液不足指示器控制器 G 上有一黄/红色导线进入中央线路板接点 D20→黄/红色导线→G→冷却液不足指示控制器→S 端子→蓝/黄色导线→冷却液不足指示器开关→搭铁。

③ 冷却液不足指示器控制器 15 接受开关控制器的电源，它可从中央线路板位于 8 号的减荷

继电器上获得。经中央线路板 G1→黑/黄色导线→15 端子→冷却液不足指示器→31 端子→搭铁。

（4）机油压力警告灯。机油压力指示灯工作过程：桑塔纳轿车的机油压力指示灯由装在车速里程表框架上的油压检查控制器控制，与 15 号电源连接，并接收低油压开关和高油压开关及点火线圈送来的信号，如图 5-30 所示。

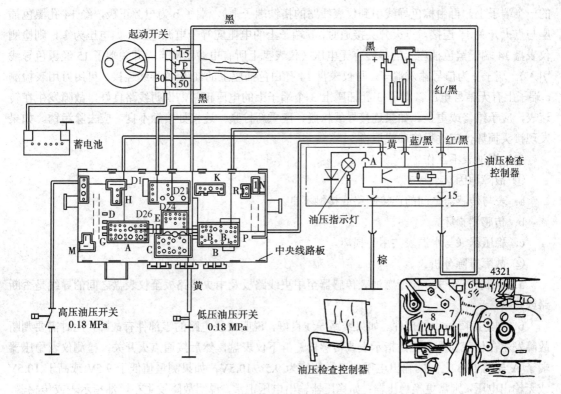

图 5-30　机油压力指示系统的接线图

发动机起动时，打开点火开关，机油压力指示灯应点亮。发动机起动后怠速运转时，润滑系中机油压力应高于 0.03MPa。此时，低油压开关触点断开，指示灯熄灭。若指示灯继续闪烁，表明机油压力不足。当发动机转速超过 2150r/min 时，机油压力应超过 0.18MPa，否则高油压开关触点断开，机油压力指示灯闪烁，报警蜂鸣器同时发出警报声响，以示机油压力不足。

① 高压油开关上蓝/黑色导线进入中央线路板 D1→通过中央线路板内部结构与 A4 接通→仪表板→油压检查控制器端子 5→送入高油压油压信号。

② 低压油开关上黄色导线进入中央线路板 D21→通过中央线路板内部结构与 B15 接通→仪表板→油压控制器端子 6→送入低油压油压信号。

③ 点火线圈"–"接柱上红/黑色导线→中央线路板 D26→通过中央线路板内部线路与 B19 接通→仪表板→油压检查控制器端子 1→送入转速信号。

2．仪表和报警电路常见故障与排除

（1）转速表工作不正常或停止工作。

① 故障原因。

a．转速表背面的黑色 3 孔插座接触不良。

b．仪表板上的印刷线路板断路。

c. 转速表连接导线松脱、接头损坏。

② 故障排除分析。检查转速表背面的黑色 3 孔插头与插座接触是否良好及其电压是否正常。3 个端子的连接情况分别为：端子 a 为电源负极，与仪表盘 14 孔白色插座上的棕色导线连接后搭铁（仪表盘上所有搭铁点均由棕色导线汇集在一起，并用胶布包扎后连接在仪表盘 14 孔白色插座的一个端子上，再由棕色导线引到仪表线路的搭铁端子上）。端子 b 为电源正极，经 14 孔黑色插座与点火开关 15 连接。点火开关接通时，b 端子上的电压应等于电源电压，如电压为零，则检测仪表盘 14 端子黑色插座上的导线有无电压（仪表盘上所有电源均从点火开关端子 15 经黑色导线引入）。端子 c 为信号输入端子，与仪表盘 14 孔白色插座上的红/黑色导线连接。可用万用表检测 c 端子上有无信号电压。如果 3 孔插座上 3 个端子上的电压正常，说明线路良好，故障发生在转速表，应予维修或更换。如果连接导线松脱，应重新拧紧。连接处接触不良，应去除污锈。如果发现接头损坏，应进行修理或更换。

（2）燃油表不工作。

① 故障原因。

a. 表与传感器之间的连接断路或接触不良。

b. 传感器损坏。

c. 稳压器（与水温表共用）损坏。

② 故障排除分析。

a. 断开点火开关，检查燃油表传感器至中央线路板及中央线路板至仪表盘之间的导线是否断路或短路。

b. 判定故障发生的部件。如果线路导线良好，说明仪表电路的零部件有故障，此时需要判断故障发生在仪表稳压器还是指示表或传感器。拆下仪表盘，然后接通点火开关，检测仪表稳压器端子 A 与端子 B 之间的输出电压，正常值应为 9.5～10.5V，如果测量值低于 9.5V 或高于 10.5V 或无输出电压，则需更换稳压器；如稳压器输出电压正常，说明故障发生在燃油指示表或传感器。区别指示表与传感器故障的一般方法是：用外接电阻代替传感器电阻进行检测判别。具体方法是：拆下传感器信号输出端子上的导线，当连接 50Ω 电阻时，指示表应当指示在油箱加满位置；当连接 560Ω 电阻时，指示表应当指示在油箱无油位置。如指示表指示正确，说明传感器有故障，否则说明燃油指示表有故障，应予维修或更换。

c. 维修传感器故障时，可根据油箱的储油量，检测燃油传感器的阻值是否与上述标准值相符。如与标准值不符，则需更换传感器。

（3）冷却液温度表不工作或指示不准。

① 故障原因。

a. 水温传感器表面有水垢。

b. 稳压器输出电压不正常。

c. 导线接触不良。

② 故障排除分析。

a. 检查稳压器的电源电压，应为 9.5～10.5V，否则应更换稳压器。

b. 检查冷却液温度传感器与中央线路板，接点 D29 与 B7 之间应导通，接点 B7 与仪表板上的白色 14 孔插头（$T_{14/4}$）应导通。

c. 冷却液温度传感器表面若有水垢，应清除。

d. 检查冷却液温度表是否损坏可用外接电阻的方法。用给定的电阻值代替传感器，检查冷却液温度表指针的偏转是否与标定情况一致。如果不一致，甚至没有指示，在连接导线良好、稳压器输出正常的情况下，故障在冷却液温度表上。如故障在传感器，应检查更换传感器。

e. 冷却液温度传感器的检查

当冷却液温度为 115℃时，测其电阻应为 62Ω；当温度低于 49℃时，其电阻值应为 500Ω；当 100℃时指针不准时，可拨动左调节板进行调整；当 40℃指针不准时，可拨动右调节板进行调整。

（4）冷却液不足警告灯不工作。

① 故障原因。

a. 冷却液不足指示器开关损坏。

b. 冷却液不足指示器控制器损坏。

② 故障排除分析。

a. 若冷却液不足指示器开关损坏（此开关安装在膨胀水箱上），检查时仍观察膨胀水箱上的凹沟内是否积水。拔下指示器开关的电线插头，检查电线插孔内是否有水，开关的两黑色检查脚上是否有横向裂纹。如果发现上述情况，则应更换冷却液指示器开关。

b. 若冷却液不足指示器控制器损坏，应立刻检查中央线路板及线路板上 14 号位的冷却液不足指示器控制器，观察其是否有冷却水造成的腐蚀。如果有腐蚀且程度较轻，可进行检查、清洁工作；如果腐蚀严重，则应更换控制器。

（5）机油压力警告灯。

① 接通点火开关时机油压力指示灯不亮，或发动机转速低于 2000r/min 时指示灯闪亮。

a. 故障原因。

● 低压油压开关损坏，连接导线断路、接触不良。

● 连接导线断路、接触不良。

● 油压检查控制器损坏。

b. 故障排除分析。

当发动机运转时，如果润滑油压力低于 30kPa，低压油压开关触点就保持闭合状态，油压指示灯就会发亮，蜂鸣器也会发响，警告驾驶员及时检查排除故障。当发动机转速低于 2150r/min 时，如果油压指示灯闪亮，可在发动机润滑油压力正常的前提下，拔下低压油压开关黄色导线插头。如果此时油压指示灯熄灭，则说明低压油压开关触点仍处于闭合状态（触点烧结），应予更换新品。

② 发动机转速高于 2000r/min 时油压指示灯闪亮。

a. 故障原因。

● 低压油压开关损坏。

● 高压油压开关损坏。

● 油压检测控制器损坏。

b. 故障排除分析。

在正常情况下，当发动机转速高于 2150r/min 时，油压指示灯应不闪亮，蜂鸣器应不发响；当拔下高压油压开关蓝/黑色导线插头时，油压指示灯闪亮，蜂鸣器应发响。如果未拔高压油压开关蓝/黑色导线插头，油压指示灯闪亮，蜂鸣器发响，则说明油压指示系统有故障。

在润滑油压力正常的前提下，先检查发动机转速高于 2150r/min 时，低压油压开关触点是否断开。可将低压油压开关导线插头拔下，用万用表电阻挡检测油压开关接线插座端子与发动机缸体间的阻值进行判断，阻值为零说明触点闭合，阻值为无穷大则说明触点断开。如低压油压开关触点仍闭合，则说明低压油压开关损坏，应予更换。

再检查发动机转速高于 2150r/min 时，高压油压开关触点是否闭合，检查方法与检查低压油压开关相同：如高压油压开关触点仍为断开状态，则说明高压油压开关损坏，应予更换新品。

如果高、低压油压开关均正常，则应拆下仪表盘，用导线将油压检查控制器端子 5 搭铁继续检查。如果此时油压指示灯仍不闪亮，蜂鸣器仍不发响，则说明油压检查控制器端子 5 至高压油压开关之间线路断路，应予维修。

思 考 与 练 习

1．写出桑塔纳轿车上仪表及报警灯的名称。

2．使用汽车电流表时应注意哪些方面？

3．简述电磁式燃油表的工作原理。

4．简述弹簧式机油压力报警灯的工作原理。

5．根据图 5-28 所示的桑塔纳 2000 轿车仪表与报警灯电路图，分析发动机转速表、燃油表及机油压力报警电路。

6．写出帕萨特 B5 轿车数字式燃油表的匹配过程。

7．分析冷却液不足警告灯不工作故障可能产生的原因？写出分析排除此故障的过程。

8．分析发动机转速高于 2000r/min 时油压指示灯闪亮故障产生的原因？写出分析排除此故障的过程。

项目六

6 舒适与安全装置

知识目标

◎ 掌握风窗刮水器、洗涤器的结构及电路工作原理。

◎ 掌握电动后视镜和电动座椅的结构及电路工作原理。

◎ 掌握电动车窗、中央门锁装置的结构及电路工作原理。

◎ 熟知汽车防盗系统的种类、组成。

◎ 掌握安全气囊的组成及工作原理。

◎ 掌握汽车空调的作用和组成。

能力目标

◎ 掌握刮水器、电动后视镜、电动座椅、电动车窗、中央门锁装置及安全气囊检修方法。

◎ 掌握各相关电气设备故障分析的方法。

◎ 熟练排除相关电气设备故障。

◎ 正确使用和维护汽车空调。

任务1 风窗洗涤与刮水器

相关知识

汽车风窗玻璃表面干净、清洁是汽车正常安全行驶的关键，为了使汽车的风窗玻璃在各种条件下都有良好的视线，汽车上都安装了风窗清洗装置及刮水装置。

一、风窗洗涤装置的作用、组成和工作原理

1. 风窗洗涤装置的作用

汽车电动洗涤装置配合刮水器使用，清除玻璃上的灰尘和污物，使驾驶员有良好的视线。

2. 风窗洗涤装置的组成

风窗洗涤装置主要由储液罐、洗涤泵、软管、三通、喷嘴等组成，其结构如图 6-1 所示。

其工作原理：洗涤泵由永磁直流电动机和离心式液片泵组装成为一体，安装在储液罐上或管路内，喷射压力达 70～88kPa。喷嘴安装在风窗玻璃下面，其喷射方向可以调整，使水喷射在风窗玻璃的合适位置，使用时应先开洗涤泵后开刮水器。洗涤泵连续工作的时间一般不超过 1min，在喷水停止后，刮水器应继续刮 2 次～5 次，以达到较好的洗涤效果。

3. 风窗洗涤装置的检修

风窗洗涤装置的故障可分为电动机不转和输液系统的故障。电动机不转的原因可能有：电动机故障或洗涤泵接触不良；洗涤器开关失灵；熔断器熔断；电源或电路接触不良。

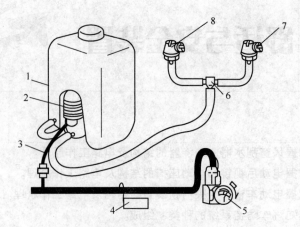

图 6-1　风窗洗涤装置

1—洗涤液缸；2—电动洗涤液泵；3—软管；4—熔断器；5—刮水器开关；6—三通接头；7、8—喷嘴

二、电动刮水器的作用、组成及工作原理

1. 电动刮水器的作用

汽车风窗电动刮水器的作用是刮除附着在风窗玻璃上的雨雪和脏物，保证风窗玻璃干净清洁，确保汽车安全行驶。

2. 电动刮水器的组成

电动刮水器由刮水电动机、蜗轮蜗杆减速机构、摇臂、拉杆、摆杆、刮水臂及刮水片等组成，如图 6-2 所示。

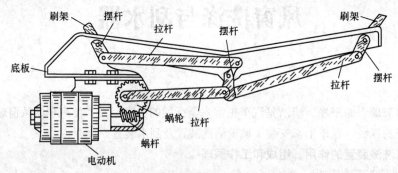

图 6-2　电动刮水器结构

一般刮水电动机与蜗轮蜗杆减速机构结合成一体，组成刮水器电动机总成，摇臂、拉杆、摆杆把蜗轮的旋转运动变为摆杆的往复摆动，使刮水臂上刮水片实现刮水动作。

3. 刮水器的变速与自动复位

（1）刮水器一般有高、低两种工作速度，电动刮水器的摆动速度是由刮水器电动机的速度决定的，常用的刮水器电动机是三刷永磁电动机，即一个高速电刷、一个低速电刷和一个搭铁电刷。

（2）刮水器具有自动复位功能。刮水器的自动复位是指在任何位置切断电动刮水器开关时，刮水器上的刮水刷都能自动停止在风窗玻璃的下部而不影响驾驶员的视线。

4. 电动刮水器及洗涤系统的电路分析

电动刮水器及洗涤系统电路，一般由洗涤泵、刮水电动机、刮水组合开关及刮水继电器组成，如图 6-3 所示。

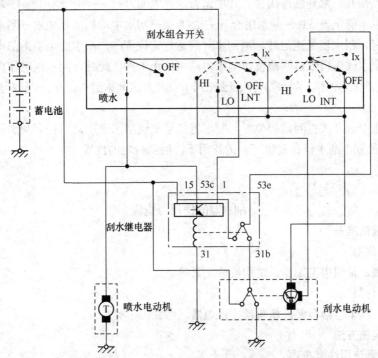

图 6-3　电动刮水器及洗涤器控制电路

刮水组合开关一般有 6 种控制方式。

LO 挡： 即低速挡，用于下小雨时。此时刮水电动机低速旋转。其电路为：蓄电池"+"→刮水组合开关 LO 挡→刮水电动机低速电刷→刮水电动机搭铁电刷→蓄电池"−"。

HI 挡： 即快速挡，用于下大雨时。此时刮水电动机高速旋转。其电路为：蓄电池"+"→刮水组合开关 HI 挡→刮水电动机高速电刷→刮水电动机搭铁电刷→蓄电池"−"。

OFF 挡： 即停止挡，无论刮水片运行到何种位置，当从别的挡位回到 OFF 挡时，刮水电动机都会利用自动复位装置，将刮水片始终停留在风窗玻璃的最低位置。

自动复位挡： 当刮水开关位于 OFF 挡位时，若此时刮水片没有回到规定位置，则刮水电动机复位开关将刮水电动机电源与刮水继电器 31b 接通。其电路为：蓄电池"+"→刮水电动机复位开关→刮水继电器 31b→刮水继电器常闭触点→刮水继电器 53e→刮水组合开关 OFF 挡→刮水电动机低速电刷→刮水电动机搭铁电刷→蓄电池"−"。刮水电动机旋转，直到刮水片到达规定位置时，复位开关中的触点将刮水继电器 31b 搭铁，刮水电动机被短路，产生制动转矩，刮水器回到规定位置。

喷水挡： 在停止状态时，刮水组合开关打到此位置，喷水电动机运转，喷出玻璃清洁水，同时刮水电动机低速旋转，当刮水组合开关回位时，停止喷水，刮水电动机停止运转，刮水片停到固定位置。当刮水开关打到此挡位时，风窗洗涤泵和刮水器同时工作。其电路为：蓄电池"+"→刮水组合开关喷水挡→喷水电动机→搭铁→蓄电池"−"。与此同时，刮水器工作，当松开刮水开关手柄时，刮水开关回到 OFF 挡位。

间歇挡： 有的车标注 INT，刮水组合开关打到此挡位时，刮水器利用刮水继电器完成隔几秒刮一下，再隔几秒刮一下的动作。此挡用于下小雨时。当刮水开关打到此挡位时，刮水继电器工作，其常闭触点断开，常开触点闭合。其电路为：蓄电池"+"→刮水继电器 15 端子→刮水继电器常开触点→刮水继电器 53e→刮水组合开关 INT 挡→刮水电动机低速电刷→刮水电动机搭铁电刷→蓄电池"−"，刮水器低速运转。当刮水片到达规定位置时，刮水继电器内部电路使刮水继电器线圈断电，刮水继电器触点回原位，刮水电动机停止工作，此时，刮水继电器内部电路经一定时间延时，又使继电器工作，刮水器再次低速工作，如此形成间歇刮水过程。一般刮洗时间为 2～3s，间歇时间为 4～6s。

lx 挡：刮水组合开关打到此挡位时，刮水器低速来回刮水一次，当松开刮水器开关时，开关自动回到 OFF 位置，刮水器在复位开关的作用下，回到规定的位置。

任务实施

刮水器的使用与检修

一、实施前的准备

1．工具、仪器

数字万用表、常用电工工具、常用维修工具等。

2．设备、材料

实训车辆、汽车电器台架、保险丝、继电器、绝缘胶带等。

二、任务实施方法

（一）刮水器使用注意事项

（1）刮水电动机大多做成封闭式，不可随意拆卸。若必须拆卸，装配时要保持内部的清洁，不可将铁屑之类的污物落在其内，装配时还要注意向含油轴承的毛毡上加注少许润滑油，并更换或补充减速器内的润滑脂。

（2）刮水电动机一般不要拆下，若因故障必须拆下，要防止电动机跌落损坏，因为刮水电动机大多是永磁式直流电动机，其磁极多采用陶瓷材料。

（3）要定期检查刮水片，当发现其严重磨损或脏污时，应更换或清洗，否则将降低刮水器的工作效能，影响驾驶员的视线。清洗刮水片时，可用蘸有酒精清洗剂的棉丝沿刮水方向擦去刮片上的污物。刮水片不可用汽油清洗和浸泡，否则会引起变形，影响其工作效能。

（4）在试验刮水器工作情况时，应该先用水润湿风窗玻璃，否则会刮伤玻璃，同时，由于刮水片摩擦阻力大，还有可能损伤刮水片或烧坏电动机。在试验时，应注意电动机有无异常噪声，尤其应引起注意的是，当刮水电动机"嗡嗡"作响而不会转动时，说明刮水器机械传动部分有锈死或卡住的地方，这时应立即关闭刮水开关，以防烧毁电动机。

（5）使用中，当断开刮水开关时，刮水器刮水片应能自动回到风窗玻璃的下方之后停止。若位置不当，可用转动自动停止器盖的方法来调整。调整时，顺时针转动，停止位置上移；逆时针转动，则停止位置下移。

（6）在冬季，当使用刮水器时，若发现刮水片被冻结或被雪团卡住，则应立即关闭开关，清除冰块、雪团后，方可继续使用，否则，会因刮水片阻力过大而烧坏刮水器电动机。

（7）刮水片至少每年更换一次。如果刮水片的性能已经变差，必须更换。更换刮水片时，先将旧橡胶条拉出来，然后把新橡胶条插进去。注意不要把安装方向弄错，同时，一定要把固定卡夹安装牢靠，否则，橡胶条很容易脱落。

（二）刮水器的检修

1．刮水电动机的检修

刮水电动机的接线如图 6-4 所示。

（1）将蓄电池正极接线柱与刮水电动机 A 端子相连，蓄电池负极接线柱与托架相连，让刮水电动机运转。

（2）从蓄电池上拆下与刮水电动机 A 端子相连的线，让刮水电动机停止运转。

（3）用跨接线连接刮水电动机 A 端子和 D 端子，并将刮水电动机 C 端子与蓄电池正极接线柱相连，再次观察刮水电动机运转情况，刮水电动机应在规定位置停机。

（4）重复检查，观察刮水电动机是否每次都停在规定位置。

（5）如果不良，则说明刮水电动机损坏，应更换。

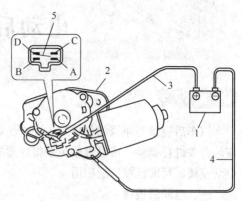

图 6-4　刮水电动机接线端子

1—蓄电池；2—刮水电动机；3—红色导线；

4—黑色导线；5—跨接线；A～D—电动机端子

2．电动刮水器常见故障诊断与排除

电动刮水器常见故障有：刮水组合开关各挡位都不工作、个别挡位不工作，刮水器不能自动停位等。

（1）刮水组合开关各挡位均不工作。

① 故障现象。接通点火开关后，刮水器开关置于各挡位，刮水器均不工作。

② 主要原因。熔断器断路；刮水电动机或开关有故障；机械传动部分锈蚀或与电动机脱开；连接线路断路或插接件松脱。

③ 诊断与排除。首先检查熔断器，应无断路，线路应无松脱；然后检查刮水电动机及开关的电源线和搭铁线，应接触良好，没有断路；再检查开关各个接线柱在相应挡位能否正常接通；最后检查电动机和机械连接情况。

（2）刮水组合开关个别挡位不工作。

① 故障现象。接通点火开关后，刮水器个别挡位（低速、高速或间歇挡）不工作。

② 主要原因。刮水电动机或开关有故障；间歇继电器有故障；连接线路断路或插接件松脱。

③ 诊断与排除。首先检查刮水电动机及开关对应故障挡位的线路是否正常；再检查开关接线柱在相应挡位能否正常接通；最后检查电动机是否个别电刷接触不良。

如果刮水器在间歇挡不工作，应顺序检查间歇开关（或刮水开关的间歇挡）、线路和间歇继电器。

（3）刮水器不能自动停位。

① 故障现象。刮水开关断开或在间歇挡工作时，刮水器不能自动停止在设定的位置。

② 主要原因。刮水电动机自动停位机构损坏；刮水开关损坏；刮水臂调整不当；线路连接错误。

③ 诊断与排除。可参照下列步骤进行诊断检查并视情况维修：首先，检查刮水臂的安装及刮水开关线路连接是否正确；其次，检查刮水开关在相应挡位的接线柱能否正常接通；最后，检查电动机自动停位机构触点能否正常闭合和接触良好。

任务2　电动后视镜与电动座椅

相关知识

　　汽车后视镜与座椅的位置用人工方法调整比较麻烦，采用电动后视镜与电动座椅后，通过相应的开关进行调整，可使驾驶员获得理想的后视线及舒适的坐姿，确保行车安全。电动后视镜、电动座椅，目前已被广泛应用。

一、电动后视镜

1．电动后视镜的组成

　　电动后视镜主要由微型直流电动机、传动机构和控制电路及镜片组成。每个后视镜安装两个双向永磁式微型直流电动机，上下方向的转动用一个电动机控制，左右方向的转动由另一个电动机控制，其结构如图6-5所示。

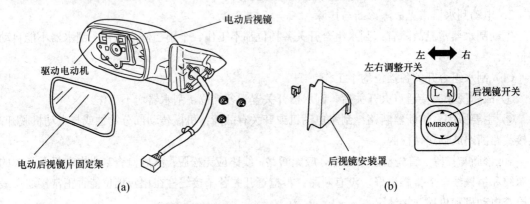

图6-5　电动后视镜的结构和控制开关示意

2．电动后视镜控制电路分析

　　以本田雅阁轿车电动后视镜控制电路（带除霜器）为例，其后视镜控制电路如图6-6所示。每个后视镜都用一个独立的开关控制。操纵开关能使一个电动机单独工作，也可使两个电动机同时工作。

　　（1）左侧电动后视镜上下角度调整。

　　① 左侧电动后视镜向上倾斜，其电路为：蓄电池"+"→熔断丝22和23→点火开关→熔断丝30→电动后视镜开关端子6→联动开关"上"的右端→左侧后视镜开关→电动后视镜开关端子2→左电动后视镜"上下"调节电机→电动后视镜开关端子9→左侧后视镜开关→联动开关"下"的右端→搭铁→蓄电池"–"。

　　② 左侧电动后视镜向下倾斜，其电路为：蓄电池+→熔断丝22和23→点火开关→熔断丝30→电动后视镜开关端子6→联动开关"下"的左端→左侧后视镜开关→电动后视镜开关端子9→左电动后视镜"上下"调节电机→电动后视镜开关端子2→左侧后视镜开关→联动开关"上"的左端→搭铁→蓄电池"–"。

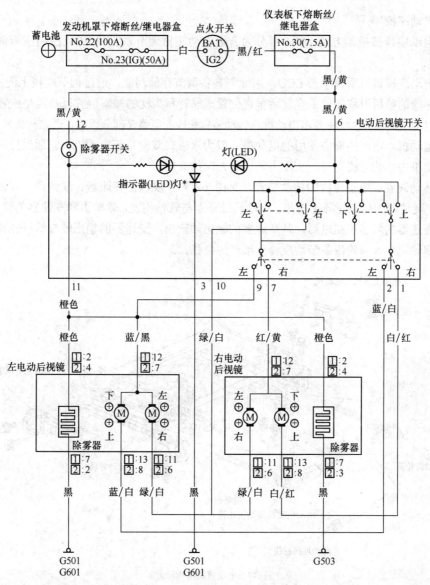

图 6-6　本田雅阁轿车电动后视镜电路

（2）左侧电动后视镜左右角度调整。

① 左侧电动后视镜向左倾斜，其电路为：蓄电池"+"→熔断丝 22 和 23→点火开关→熔断丝 30→电动后视镜开关端子 6→联动开关"左"的左端→左侧后视镜开关→电动后视镜开关端子 9→左电动后视镜"左右"调节电机→电动后视镜开关端子 10→左侧后视镜开关→联动开关"右"的左端→搭铁→蓄电池"–"。

② 左侧电动后视镜向右倾斜，其电路为：蓄电池"+"→熔断丝 22 和 23→点火开关→熔断丝 30→电动后视镜开关端子 6→联动开关"右"的右端→电动后视镜开关端子 10→左电动后视镜"左右"调节电机→电动后视镜开关端子 9→左侧后视镜开关→联动开关"左"的右端→搭铁→蓄电池"–"。

调整右后视镜的角度时，方法同上。

二、电动座椅

轿车电动座椅按控制方式不同，可分为普通电动座椅调节系统和ECU控制座椅调节系统两大类。

普通电动座椅调节系统不带ECU，因此不具备调节存储功能，通过调节座椅上的控制开关，可以实现座椅的前后滑移、前垂直、后垂直位置，靠背和头枕的倾斜位置以及腰垫位置的调整。

普通电动座椅调节系统主要由电动机、传动装置和控制电路3部分组成，其结构如图6-7所示。

（1）电动机。电动座椅中使用的电动机一般为永磁式双向直流电动机。它通过控制开关来改变流经电动机内部的电流方向，从而实现转动方向的改变。

（2）传动装置。电动座椅的传动装置（见图6-7）主要包括变速器、联轴器、软轴及齿轮传动机构等。变速器的作用是降速增扭。电动机轴分别与软轴相连，软轴再和变速器的输入轴相连，动力经过变速器的降速增扭以后，从变速器的输出轴输出，变速器的输出轴与蜗杆轴或齿轮轴相连，最终蜗轮蜗杆或齿轮齿条带动座椅支架产生位移。

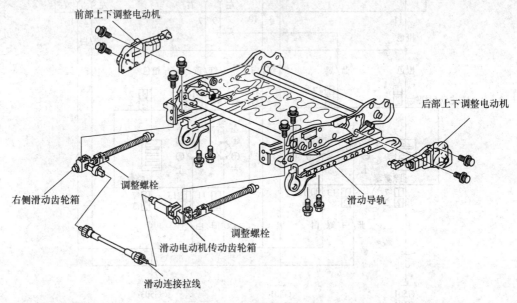

图6-7   电动座椅结构示意

（3）控制电路。电动座椅控制电路如图6-8所示。

电路中有5个开关，分别控制5个电动机。每个电动机中均设有断路器，当座椅位置调整到极限时，流过电动机的电流增加，断路器断开，切断电动机电流，保护电动机不被烧损；松开调整开关，冷却后，断路器又重新复位。

当电动座椅的开关处于倾斜位置时，如果要调整靠背向前倾斜，则闭合倾斜电动机的前进方向开关，即端子4置于左位时。其电路为：蓄电池"+"→FLALT→FLAM1→DOOR CB→端子14→倾斜开关"前"→端子4→1（2）端子→倾斜电动机→2（1）端子→端子3→端子13→搭铁→蓄电池"−"。此时，座椅靠背前移。

当端子3置于右位时，倾斜电动机反转，座椅靠背后移。其电路为：蓄电池正极→FLALT→FLAM1→DOOR CB→端子14→倾斜开关"后"→端子3→2（1）端子→倾斜电动机→1（2）端子→端子4→端子13→搭铁→蓄电池"−"。

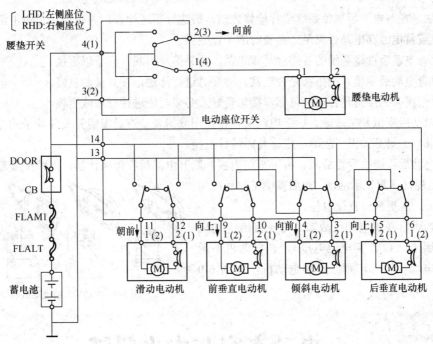

图 6-8　电动座椅控制电路

电动后视镜故障的检测与诊断和排除

一、实施前的准备

1．工具、仪器

数字万用表、常用电工工具等。

2．设备、材料

实训车辆、汽车电器台架、电动后视镜总成、保险丝、继电器、绝缘胶带等。

二、实施方法

1．电动座椅的检测

（1）调节电动机的检测。将座椅电动机从座椅上拆下来进行检测，其检测方法如下。

① 当将电动座椅调节电动机处于某一种调节状态时,检测各端子与电源之间的连接情况应符合要求。分别用导线将电动机插接器的相应两个端子与蓄电池的正、负极相连接，检查电动机工作情况。必须注意的是，当电动机通电后不转或有异常响声，均应立即停止检测。

② 如检测到某个调节电动机不运转或运转不平稳，则拔下该电动机上的两芯插接器，直接将蓄电池正、负极用导线与该电动机连接，进行通电检测。如此时电动机运转无问题，则调节电动机两芯插座之间的导线可能有断路、搭铁或接触不良现象。

③ 如单独对电动机通电后仍不运转或运转不正常，说明该电动机有故障，则应更换新件。

（2）调节开关的检测。将电动座椅开关从驾驶员座椅处拆下。用万用表检测插接器各端子之间的导通状态，即可判断调节开关的好坏。

2．电动后视镜故障的诊断与排除

由于不同车型的电动后视镜组件结构不相同，所以，在维修时应针对不同的车型，确定相应的维修方法。在对电动后视镜系统进行检修之前，应进行下述检查，并确保其工作正常。

　　① 检查蓄电池存电是否充足，必要时应予以更换。

　　② 检查电动后视镜系统的各熔丝是否正常，如果熔丝熔断，应予以更换。

　　③ 检查电动后视镜系统搭铁是否正常，必要时进行修理，使其接触良好。

　　④ 检查线束插接器是否连接可靠、接触良好，必要时应进行修理或更换。

　　（1）电动后视镜开关故障。拆下电动后视镜，用欧姆表检查后视镜开关各端子的导通情况，应符合要求。如果开关出了故障，应该及时进行更换。

　　（2）电动后视镜执行器故障。拆下车门内板，断开电动后视镜插接器，用跨接线连接指定端子，观察后视镜是否正常活动。如后视镜工作状况与检测表不符，应更换后视镜组件。

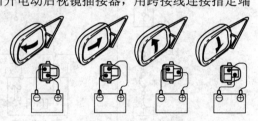

　　（3）电动后视镜电动机故障。可直接给电动机的两端子通电（12V 蓄电池电压），若电动机不运转，说明电动机损坏，则应更换电动机，如图 6-9 所示。

图 6-9　电动后视镜电动机的检查

任务3　电动车窗与中央门锁

相关知识

　　为方便驾驶员和乘客的操作方便以及汽车防盗安全的要求，现代轿车采用了电动车窗和中央门锁装置。

一、电动车窗

1. 电动车窗的组成

电动车窗系统主要由双向直流电动机、车窗玻璃升降器、控制电路（控制开关、继电器、断路器）等组成。

电动车窗直流电动机常用永磁式和双绕组式直流电动机，每个车窗均装有一个电动机，通过改变通过直流电动机的电流方向，可改变电动机的旋转方向。

电动车窗玻璃升降器常见的有绳轮式、交叉臂式，如图 6-10 所示。

(a) 绳轮式　　　　　　　　　(b) 交叉臂式

图 6-10　电动车窗升降器

日本车系常用绳轮式玻璃升降机构，当升降机构驱动电动机转动时，通过减速器、钢绳和滑轮，即可驱动玻璃升高或降低。德国大众车系常用交叉臂式玻璃升降机构，当升降机构驱动电动机时，通过减速器、传动齿扇、调节支架和导轨，即可驱动玻璃升高或降低。

控制开关有两套：一套为主控开关，安装在驾驶员侧车门扶手上或仪表板，由驾驶员控制玻璃升降。图 6-11（a）所示为轿车的主控开关。主控开关一般包括控制 4 个车窗玻璃升降的电动车窗和车窗锁止开关。车窗锁止开关在接通状态时，各车窗升降控制开关均可操纵车窗玻璃的升降；车窗锁止开关断开时，则只有驾驶员侧车窗可进行开关操作。另一套为分控开关，安装在每个车门扶手上，可由乘员控制玻璃升降，图 6-11（b）所示为，轿车的分控开关。

(a) 驾驶员侧主控开关　　　　　　　　　(b) 乘员侧分控开关

图 6-11　轿车电动车窗控制开关

2．电动车窗控制电路

典型电动车窗控制电路如图 6-12 所示。

电路的控制功能及工作方式如下。

（1）接通点火开关后，电动车窗继电器线圈通电，其触点闭合，接通了电动车窗控制电路的电源，电动车窗可随时工作。其电路为：蓄电池"+"→FLALT→FLAM1 易熔线→点火开关 AM1 端→点火开关→IG1 端→熔断丝→车窗继电器线圈→搭铁→蓄电池"−"。车窗主继电器工作。

（2）右前门车窗上升。

① 驾驶员操作时。当驾驶员按下主开关的右前车窗上升开关时，其电路为：蓄电池"+"→FLALT→FLAM1 易熔线→断路器→车窗主继电器主触点→主开关 9 号端子→主开关右前车窗上升触点→主开关 7 号端子→右前车窗分开关 4 号端子→右前车窗分开关 2 号端子→右前车窗电动机→右前车窗分开关 3 号端子→右前车窗分开关 1 号端子→主开关 3 号端子→主开关右前车窗开关→车窗锁止开关→主开关 8 号端子→搭铁→蓄电池"−"。此时右前车窗电动机工作，使车窗上升。

② 乘员操作时。当乘员按下右前门车窗的分开关上升时，其电路为：蓄电池"+"→FLALT→FLAM1 易熔线→断路器→车窗主继电器主触点→右前门车窗的分开关 5 号端子→右前门车窗的分开关上升触点→右前车窗分开关 2 号端子→右前车窗电动机→右前车窗分开关 3 号端子→右前车窗分开关 1 号端子→主开关 3 号端子→主开关右前车窗开关→车窗锁止开关→主开关 8 号端子→搭铁→蓄电池"−"。此时右前车窗电动机工作，使车窗上升。

（3）左前门车窗下降。当主开关上的窗锁开关断开，此时只有驾驶员侧车窗具备工作条件，驾驶员侧的车窗开关由点触式电路控制。车窗在下降过程中，如果要使其停止在某一位置，只要再点触一下开关即可。其电路为：蓄电池"+"　→FLALT→FLAM1 易熔线→断路器→车窗主继电器主触点→主开关 9 号端子→主开关左前门车窗下降触点→主开关 10 号端子→断路器→左前窗电动机→主开关 4 号端子→主开关左前门车窗另一触点→主开关 8 号端子→搭铁→蓄电池"−"。与此同时，触点式开关的电路也同时接通，下降指示灯点亮，继电器线圈通电产生吸力，保持开关处于下降工作状态直至极限位置。在下降过程中，如果要使车窗停在某一位置，驾驶员可再点触一下开关，则继电器线圈断路，车窗下降停止。

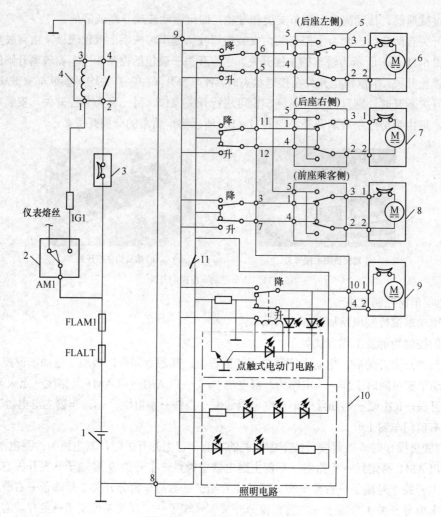

图 6-12　电动车窗的控制电路图

1—蓄电池；2—点火开关；3—热敏开关；4—电动车窗继电器；5—电动车窗开关；

6、7、8、9—车窗驱动电动机；10—电动车窗主开关；11—车窗锁止开关

二、中央门锁

（一）汽车中央门锁控制系统的功能

采用中央门锁控制系统的车辆，根据车辆的配置不同，一般中央控制电动门锁有如下功能。

（1）中央控制功能。当驾驶员锁住车门时，其他车门均同时锁住；驾驶员可通过门锁开关打开所有门锁。

（2）速度控制功能。当车速达到一定值时，能自动将所有的车门锁定（有的车型无此功能）。

（3）单独控制功能。为了方便，除中央控制外，乘员仍可利用车门的机械式弹簧锁开关车门。

（4）两级开锁功能。在钥匙联动开锁功能中，一级开锁操作只能以机械方法开钥匙插入的门，二级开锁操作则同时打开其他车门锁。一般来说，所有车门可以通过前右或前左侧门上的钥匙来同时关闭和打开。

（5）防止钥匙遗忘功能。驾驶员侧的车门打开，当钥匙被遗忘在点火开关锁芯中时，如操作

门锁控制开关锁门，由于钥匙遗忘安全电路的存在，所有的车门先锁定，然后马上开启。

（6）安全功能。当钥匙已经从点火开关中拔出而且车门也锁住时，车门不能用门锁控制开关打开。

（7）电动车窗不用钥匙的动作功能。驾驶员和乘员的车门都关上，点火开关断开后，电动车窗仍可动作 60s。

（8）自动功能。在某些门锁控制系统中，如果车主下车锁车门时有车窗没有关闭，则电动车窗自动关闭。

（二）普通中控门锁的组成与工作过程

1．普通中控门锁的组成

普通中控门锁由门锁连杆操作机构、门锁执行器、控制电路等组成。

（1）门锁连杆操作机构。当门锁执行器（如电动机）运转时，通过门锁连杆操纵门锁锁定或开启，并由控制电路控制。

（2）门锁执行器。门锁执行器通常使用电磁线圈、直流电动机，其作用是通过改变极性转换其运动方向来完成开、闭动作。

图 6-13 所示为电磁线圈式门锁执行器，它有两个电磁线圈，一个是锁门线圈，另一个是开门线圈，与门锁操纵机械相连的柱塞能在两线圈中自由移动。当锁门线圈通电后，柱塞在电磁力的作用下左移，将门锁锁定；当开门线圈通电后，柱塞右移，将门锁开启。

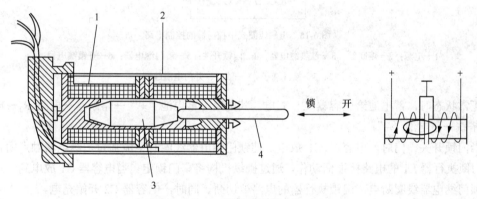

图 6-13　电磁线圈式门锁执行器

1—锁门线圈；2—开门线圈；3—柱塞；4—操纵杆

图 6-14 所示为电动式门锁执行器，由门锁电动机和齿轮机构组成。门锁电动机为双向直流电动机，改变电流方向，电动机可正反向旋转。电动机通电旋转，带动齿轮机构，实现门锁锁止和开锁。

（3）控制电路。控制电路主要由门锁开关、定时装置和门锁继电器等组成。

① 门锁开关。门锁开关用于触发中央门锁系统各车门和行李舱锁止或开启。

② 定时装置。由于门锁的开、关动作是短暂的，且门锁执行器在工作时要消耗大量的电能，为了既方便门锁的动作顺利完成，又能防止电路过载，门锁电路中都有定

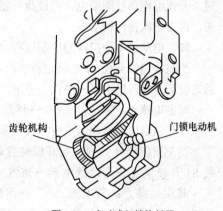

图 6-14　电动式门锁执行器

时装置，使控制电路输送给门锁执行器一个脉冲电流。

③ 门锁继电器。在定时装置的控制作用下，接通或断开执行机构的电路。

2．普通中控门锁的工作过程

（1）电磁线圈式中控门锁的工作过程。其控制电路如图 6-15 所示。

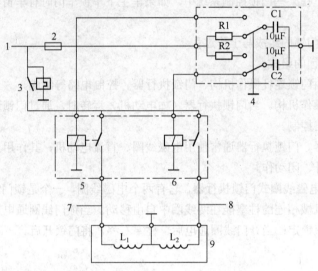

图 6-15　电磁线圈式中控门锁的控制电路

1—电源；2—熔断丝；3—过热继电器；4—门锁开关；5—锁门继电器；6—开锁继电器；

7、8—接线端子；9—锁门、开门电磁线圈

正常状态时，蓄电池给电容器 C1 充电。其电路为蓄电池"+"→熔断丝→电阻 R_1→电容器 C1→搭铁→蓄电池"−"。

当门锁开关锁门时，电容器 C1 放电，使锁门继电器线圈有电流通过，继电器触点闭合；此时，门锁执行器 L1 的电路接通而动作，通过操纵机构将车门锁定。当电容器 C1 放电到一定程度时，锁门继电器线圈断电，门锁执行器的电路被切断。同时，电容器 C2 开始充电。

当门锁开关开锁时，电容器 C2 放电，使开锁继电器线圈有电流通过，继电器触点闭合；此时，门锁执行器 L2 的电路接通而动作，通过操纵机构将车门开启。当电容器 C2 放电到一定程度时，开锁继电器线圈断电，门锁执行器的电路被切断。另外，电容器 C1 开始充电，回到原始状态，再为下次锁门做准备。

（2）电动式中控门锁的控制过程。其控制电路如图 6-16 所示。

当左前门锁开关 S1 在锁定位置时，其控制电路为：蓄电池"+"→熔断丝→左前门锁开关 S1 锁定位置→锁门继电器→搭铁→蓄电池"−"。

其主电路为：蓄电池"+"→熔断丝→锁门继电器常开触点→门锁电动机下方→门锁电动机上方→开锁继电器常闭触点→搭铁→蓄电池"−"。

当左前门锁开关 S1 在开锁位置时，其控制电路为：蓄电池"+"→熔断丝→左前门锁开关 S1 开锁位置→开锁继电器→搭铁→蓄电池"−"。

其主电路为：蓄电池"+"→熔断丝→开锁继电器常开触点→门锁电动机上方→门锁电动机下方→锁门继电器常闭触点→搭铁→蓄电池"−"。

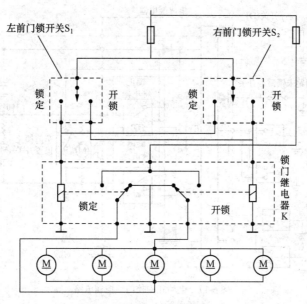

图 6-16　电动式中控门锁控制电路

（三）电控式中控门锁的组成与工作过程

1. 电控式中控门锁的组成

电控式中控门锁主要由信号输入装置、电子控制装置（集成继电器或 ECU）和执行机构组成。

（1）信号输入装置。

① 门锁控制开关。门锁控制开关安装在驾驶员侧前门内的扶手上，通过门锁控制开关可以同时锁上和打开所有的车门。

② 钥匙控制开关。钥匙控制开关安装在门锁锁芯的内端，其作用是检测是否有用钥匙锁车门或打开门锁的要求，并将此信号传给 ECU。

③ 行李舱门开启器开关。行李舱门开启器开关位于仪表板下面或驾驶员左侧地板上，拉动此开关能打开行李舱门。

④ 门控开关。门控开关也称门控灯开关、车门微开开关，安装在门框上，其作用是用于探测车门的开、闭状态，并将此状态信号送给 ECU。当车门打开时，门控开关接通；车门关闭时，门控开关接通。

⑤ 门锁位置开关。门锁位置开关装在门锁总成内，其作用是探测门锁的状态。当锁杆处于锁止位置时，位置开关断开，当锁杆处于开锁位置时，门锁位置开关接通。

（2）门锁电子控制装置（集成继电器）。门锁电子控制装置的作用是接收信号输入装置送来的信号，并将这些信号进行处理，然后发出控制指令，控制执行机构，实现锁门或开锁。

（3）执行机构。执行机构有电动式和电磁线圈式两种形式。

2. 电控式中控门锁的工作过程

其控制电路如图 6-17 所示。

（1）用门锁控制开关锁门和开锁。

① 锁门。将门锁控制开关推向锁门（LOCK）一侧时，锁门继电器的端子 10 通过门锁控制开关搭铁，将 Tr1 导通。当 Tr1 导通时，电流流至锁止继电器线圈，锁止继电器开关闭合，电流流至门锁电动机，所有车门均被锁住。

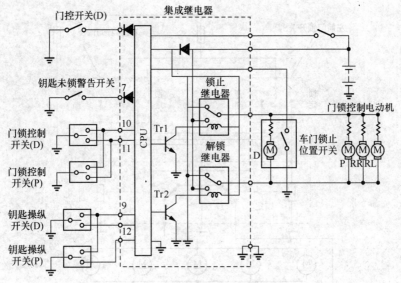

图 6-17 电动式中控门锁控制电路

② 开锁。将门锁控制开关推向开锁（UNLOCK）一侧时，锁门继电器的端子 11 通过门锁控制开关搭铁，将 Tr2 导通。当 Tr2 导通时，电流流至解锁继电器线圈，解锁继电器开关闭合，电流反向通过门锁电动机，所有的车门均打开。

（2）用钥匙操纵开关锁门和开锁。

① 锁门。将钥匙操纵开关转向锁门一侧时，锁门继电器的端子 12 通过门锁控制开关搭铁，将 Tr1 导通。当 Tr1 导通时。电流流至锁止继电器线圈，锁止继电器开关闭合，电流流至门锁电动机，所有车门均被锁住。

② 开锁。将钥匙操纵开关推向开锁一侧时，锁门继电器的端子 9 通过门锁控制开关搭铁，将 Tr2 导通。当 Tr2 导通时，电流流至解锁继电器线圈，解锁继电器开关闭合，电流反向通过门锁电动机，所有的车门均打开。

任务实施

电动车窗与中央门锁的检修

一、实施前的准备

1. 工具、仪器

数字万用表、常用电工工具等。

2. 设备、材料

实训车辆、保险丝、继电器、绝缘胶带等。

二、任务实施方法

1. 电动车窗检修

电动车窗常见的故障有：所有车窗升降功能均失效；某个车窗升降功能失效；某个车窗只能向一个方向运动等。其具体检修方法如下。

（1）所有车窗升降功能均失效。

故障原因：总电源线断路，车窗继电器触点接触不良、损坏或线圈损坏，安全开关接触不良或未接通等（指被安全开关控制的车窗控制功能失效）。

检修方法：检修此类故障时，应先检查电源线是否断路，检查车窗继电器工作是否正常，检查安全开关等。

（2）某个车窗升降功能失效。

故障原因：控制该车窗的开关、电动机、升降器等断路或损坏。

检修方法：先操作相应的主开关（或分开关），若车窗工作正常，则说明分开关（或主开关）损坏。若车窗仍不动作，则可能是相应的电动机、升降器或连线有问题。

（3）某个车窗只能向一个方向运动。

故障原因：开关触点接触不良、控制导线或车窗升降器不良等。

检修方法：先操作相应的主开关（或分开关），若车窗升降器均正常，则说明分开关（或主开关）触点有接触不良现象。若车窗仍只能向一个方向运动，则应检查分开关到主开关之间的控制导线是否断路，车窗升降器是否有故障。

2．中央门锁的检修

（1）车门锁电动机的检修。门锁执行器有电磁线圈机构、直流电动机等类型。不论是哪种类型的执行器，都可以用直接通电的方法检查其工作状态是否有开锁和闭锁两种状态，从而判断其是否损坏。

① 驾驶员侧车门锁把手开关的检修。

• 卸下驾驶员侧车门内面板。

• 断开电动机处的 2P（2 芯）插接器插头，如图 6-18 所示。

图 6-18　断开驾驶员侧车门锁电动机处的 2P 插头

• 将电动机端子接上蓄电池电压，检查其工作情况。正常情况如下：
1 号端子接蓄电池"+"极，2 号端子搭铁时，车门锁锁定；2 号端子接蓄电池"+"极，1 号端子搭铁时，车门锁开锁。

• 如果电动机工作不符合规定要求，则应更换驾驶员侧车门锁电动机。

② 乘员侧车门锁电动机的检修。检修方法与驾驶员侧车门锁把手开关的检修相同。

（2）门锁把手开关的检修。门锁控制开关的检修，根据门锁开关的动作原理，用万用表测量开关在不同位置时的工作状态，以判断开关的好坏，然后做相应的修理。

（3）门锁控制继电器的检修。门锁控制继电器是由电子电路控制的继电器，包括控制电路和继电器两个部分，其作用是为门锁执行器提供脉冲工作电流，也称门锁定时器。门锁控制继电器的检修可根据其工作原理，测量其输出状态，从而判断是否有故障，然后做相应的处理。

任务4 汽车防盗系统

相关知识

为了有效防止汽车被盗，现代轿车装备了专门的防盗系统，这种系统具备遥控、警报、防起动等功能。

一、汽车防盗系统的分类

目前，汽车防盗系统分为机械式、电子式、网络式防盗系统 3 种类型。

1．机械式防盗系统

早期的汽车防盗系统主要采用机械的方式来达到防盗的目的，如转向盘锁、变速杆锁、车轮锁、制动踏板锁等。

机械式防盗锁价格便宜、安装方便，但有致命的缺点，主要是：不能发出报警信息，且极易被犯罪分子用钢锯、万能钥匙、镊子等作案工具破坏，因此，其防盗作用不强，大多已被淘汰。

2．电子式防盗系统

现代汽车上，广泛采用电子式防盗系统，它主要靠锁定发动机控制电脑或启动线路来达到防盗的目的，同时具有声音和灯光报警功能。

3．网络式防盗系统

网络式防盗系统利用 GPS 卫星定位系统对汽车进行监控，以达到防盗的目的。该防盗系统除靠锁定汽车的起动或发动机控制系统达到防盗的目的外，同时，还可通过 GPS 系统（或其他网络系统），将报警信息和报警车辆所在位置无声地传送到报警中心。当发生交通事故、防盗系统意外失效、遭遇抢劫时，该系统还具有自动报警功能。

二、汽车防盗系统的组成

现代汽车防盗系统，一般由传感器和开关、防盗 ECU、执行机构以及遥控发射器、接收器、天线等组成，如图 6-19 所示。

1．防盗传感器和开关

防盗传感器主要有振荡传感器、微波及红外线探头等，开关信号主要有外侧门拉手开关、车门接触开关、发动机舱接触开关、行李舱盖接触开关、行李舱盖钥匙开关和点火开关等。

汽车设置防盗功能后，若车门、行李舱盖、发动机舱等被强行打开，或被卸下的电池极柱又重新装上，这时汽车防盗系统会发出警报，并使发动机不能起动，防盗系统会触发喇叭断续鸣响，并使灯光闪烁。

2．防盗 ECU

防盗 ECU 是防盗系统的控制中心，它对接收的各种传感器和各种开关信号进行计算、判断和处理后，根据防盗 ECU 预存的数据和编制程序，确定车门是否锁止、车辆是否被非法移动、车辆是否被非法起动，以便控制各执行器动作。

3．执行机构

执行机构主要有起动继电器、喇叭、灯光、门锁电动机、发动机 ECU 等。其作用是：当正常操作车辆时，解除防盗作用；当汽车被偷盗时，报警并阻止车辆起动。

4．遥控发射器、接收器和天线

（1）遥控器。防盗系统用遥控发射器简称遥控器，一般遥控器与点火钥匙组合一起，有些是分开的，常用遥控器外形如图 6-20 所示。

按遥控信号的载体不同，遥控器可分为红外线遥控器、无线电波遥控器和超声波遥控器等，其中，红外线遥控器和无线电波遥控器应用最广泛。

当遥控操作开关接通时，读出存储在存储器中的功能代码和身份鉴定代码（固定代码+可变代码），经信号调制处理后，转换为红外线或无线电波信号，向外发射。

（2）接收器。接收器由接收天线和相关电路组成，一般集成在防盗 ECU 中，其功能是将遥控器发出的高频载波信号进行选频、放大、解调，输出符合解码电路要求的脉宽数据信号。

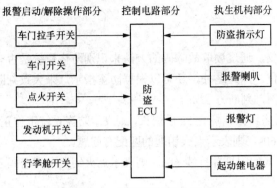

图 6-19 汽车防盗系统的组成

图 6-20 遥控器外形

（3）天线。汽车防盗系统使用的天线分为发射天线和接收天线两种，一般车门钥匙兼作天线之用。接收天线的作用是接收遥控器输出信号，一般采用专用天线、与收音机公用天线、后风窗内的加热电阻作为天线等。

防起动控制系统用来防止他人使用配制的点火钥匙盗窃车辆。上海大众桑塔纳 2000 轿车防盗系统组成如图 6-21 所示，由带转发器的钥匙、识读线圈、防盗控制单元和防盗器警告灯组成。

当点火开关打开时，防盗器即开始工作。防盗器控制单元通过识读线圈把能量感应给脉冲转发器，脉冲转发器激活后，通过识读线圈把它的程控代码输送给防盗控制单元，防盗控制 ECU 把输入的程控代码与汽车钥匙发送过来的汽车钥匙代码进行比较，如一致，防盗 ECU 向发动机 ECU 发出随机代码，发动机 ECU 再和存储的随机代码进行比较，以识别其合法性，如经核对代码一致，发动机不会熄火；如果代码不一致，发动机 ECU 会在发动机发动后 2s 内，切断点火和燃油供给系统，使发动机熄火，同时防盗报警灯会以一定的频率闪烁。

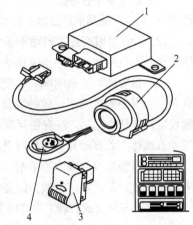

图 6-21 桑塔纳 2000 轿车防盗系统组成

1—防盗控制单元；2—识读线圈；

3—带转发器的钥匙；4—防盗器警告灯

5．遥控开启车门/防盗安全报警系统工作过程

当关闭点火开关且拔下点火钥匙，关闭车门并锁定车门、行李舱和发动机舱罩后，防盗安全报警系统便自动进入警戒状态。随后，防盗工作指示灯将闪烁。当车门或行李舱、发动机舱罩被打开；点火开关被短路，报警器将立即报警，同时车辆的前照灯、转向灯将随之闪烁，直到 2min 后自行停止，或者使用钥匙、遥控器打开任一车门时才停止。

任务实施

汽车防盗系统的检修

一、实施前的准备

1．工具、仪器

数字万用表、汽车电脑故障诊断仪、常用电工工具等。

2．设备、材料

实训车辆、保险丝、继电器、绝缘胶带等。

二、实施方法

1．防盗系统的故障识别

现代汽车的防盗系统，一般可采用解码仪，通过读取故障码的方法来识别防盗系统是否有故障，根据故障码的含义快速地查找到故障部位。除此之外，还可以根据防盗指示灯来大致判断防盗系统是否正常，以捷达轿车的防盗系统为例，判断方法如下。

（1）点火开关接通时，如驾驶员一侧的防盗器指示灯亮 3s 后熄灭，则表示防盗系统工作正常。

（2）点火开关接通后，如指示灯持续亮 60s，则表示点火钥匙的匹配有问题。

（3）当点开关接通约 2.5s 后，如指示灯开始闪烁并持续 60s，则表示点火钥匙中无密码芯片或使用了没有授权的点火钥匙。

（4）点火开关接通后，如指示灯立即闪烁并持续约 60s，则表示识读线圈出现功能性故障或数据线出现功能性故障。

2．防盗系统常见故障的检修

（1）遥控器不能遥控。首先，应检查遥控器电池是否有电，若无电，则更换电池；若有电，拆开遥控器，用酒精棉球把遥控器主板或导电橡胶触点擦干净。若试验后仍不正常，一般需要更换遥控器。

（2）遥控器时而正常时而不正常。若遥控器正常，则此种故障大多是因防盗 ECU 电源线或搭铁线接触不良所致，其中电源熔断器处接触不良者居多。

（3）报警喇叭无故鸣响。车辆停放路边设定防盗状态之后，每当大型车或是重型车经过时，就会引起报警喇叭鸣叫。这种现象是因振动感应器太灵敏所致，只需调整降低其灵敏度即可；车辆设定防盗状态之后，没有任何振动，报警喇叭自动鸣叫，这种现象多是因车门没关好或是车门、发动机或行李舱接触开关不良以及连线短路所致，应重点对这些部位进行检查。

（4）报警触发时喇叭不鸣响。首先应检查防盗器是否处于静音防盗状态，若不是，再检查喇叭是否正常，若正常，一般为防盗 ECU 内部有问题。

（5）开左转（或右转）向灯时另一边的转向灯同时亮。此种现象是，由于防盗 ECU 输出转向灯闪动信号的某个二极管击穿所致。打开防盗 ECU 盒，找到故障二极管，更换即可。

任务5 安全气囊

相关知识

为了减少汽车交通事故中伤害程度，现代轿车中安装了汽车安全气囊系统，它是汽车的一种辅助保护系统，与座椅安全带配合使用，可以为乘员提供十分有效的防撞保护。

一、安全气囊概述

安全气囊简称 SRS，是一种当汽车遭到碰撞而急剧减速时能很快膨胀的缓冲垫，可保护车内乘员不致撞到车厢内部，是一种被动安全装置。中高级轿车一般安装有安全气囊，可分为正面碰撞防护安全气囊、侧面碰撞防护安全气囊和顶部碰撞防护安全气囊。

二、安全气囊的组成及主要部件

主要由碰撞传感器、安全气囊 ECU、备用电源、安全气囊组件和安全气囊指示灯等组成，如图 6-22 所示。

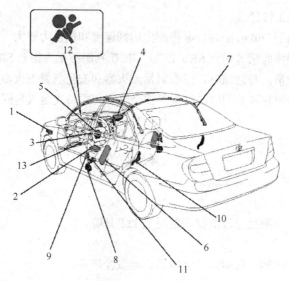

图 6-22 丰田卡罗拉安全气囊系统部件位置示意

1—前空气囊传感器；2—中央空气囊传感器总成；3—驾驶员空气囊总成；4—前乘客空气囊总成；5—螺旋电缆；

6—侧面空气囊总成；7—帘式空气囊总成；8—座椅安全带预张紧器；9—侧面空气囊传感器；

10—帘式空气囊传感器；11—座位位置空气囊传感器；12—SRS 警告灯；13—DLC3

1．碰撞传感器

碰撞传感器是一个自动控制开关，按功能可分为碰撞强度传感器和碰撞防护传感器。

碰撞强度传感器：检测汽车碰撞强度的信号，并将信号输入安全气囊 ECU，安装于汽车左前部、右前部、侧面和安全气囊 ECU 内部。

碰撞防护传感器：碰撞防护传感器也叫作保险传感器，防止安全气囊系统在非碰撞的情况下发生误引爆。碰撞防护传感器安装在安全气囊 ECU 内部。

2．安全气囊 ECU

安全气囊 ECU 是安全气囊系统的控制中心，一般安装在换挡操纵手柄前面或后面的装饰板内、后排座椅下面中部位置或行李舱内。

安全气囊 ECU 接收各传感器送来的碰撞信号，通过比较、判别，确认是碰撞信号后，当纵向减速度达到设定阈值时，向安全气囊驱动电路发出指令，接通电源，引爆安全气囊。

3．备用电源

安全气囊系统有两个电源：一个是蓄电池，也是为引爆器提供电源的装置；另一个是备用电源，备用电源由电容器和电压转换器组成，蓄电池电压经电压转换器转换后给电容充电，充好电后电容将电能储存起来，在碰撞中发生电源中断时，它将满足 6s 以内的备用电需求，让蓄电池无电时仍能使安全气囊膨胀。

4．安全气囊组件

安全气囊组件主要由气体发生器、安全气囊、衬垫、饰盖和底板等组成。

5．安全气囊指示灯

安全气囊指示灯位于仪表板上，接通点火开关时，诊断单元对系统进行自检，SRS 指示灯点亮 6s 后熄灭表示系统正常。否则，表示常规安全气囊出现故障，应进行检修。

三、安全气囊系统工作原理

当汽车行驶速度高于 30km/h 时，碰撞产生的减速度和惯性力较大，安全传感器、中央碰撞传感器和前碰撞传感器将此信号送到 SRS ECU，ECU 判断结果为需要 SRS 和安全带收紧器共同作用来保护驾驶员和乘员。与此同时，向收紧器点火器和安全气囊点火器发出点火指令，引爆所有点火器，在座椅安全带收紧的同时，驾驶员安全气囊与乘员安全气囊同时膨开。

任务实施

安全气囊系统的检修

一、实施前的准备

1. 工具、仪器

数字万用表、汽车电脑故障诊断仪、常用电工工具等。

2. 设备、材料

带安全气囊的实训车辆、保险丝、继电器、绝缘胶带等。

二、实施方法

1. 安全气囊维修注意事项

（1）安全气囊组件的检查与更换作业需由专业技术人员承担。

（2）只能换用新的与原车零部件编号相同的正宗配件，点火器有失效期，要遵守配件上注明的使用期限。

（3）安装前要对气囊组件进行认真检查，有凹坑、裂缝等缺陷的不得装用。

（4）对安全气囊系统的任何作业均应先断开蓄电池电缆，等待 30s 以上，待控制块中的电容完全放电后再进行操作，以免造成气囊误爆。

（5）摘下线束连接器后，一定要接上短路连接器。

（6）对安全气囊系统的电气测试要等到系统安装好后方可进行，禁止使用万用表以及其他能产生电源的仪器检测点火器，以免造成气囊的误爆。

（7）不得擅自改动安全气囊系统的线路和元件；除原设计的线束外，严禁将其他线束接到气囊系统线束上。

（8）存放与运输。

① 存放安全气囊时，应按照气囊向上和连接器向下的方式放置（万一误爆，这样放置的危险性较小），并且不要擅动。

② 安全气囊组件要用原厂包装，用货仓装运，不得与其他危险品一起运输。

③ 不要使安全气囊系统的部件受到 850℃ 以上的高温。

④ 在搬运的过程中，安全气囊组件和控制块要避免受到碰撞和振动。

（9）在转向盘和乘员侧气囊部位不可粘贴任何饰物或胶条。

（10）安装完毕后，应打开点火开关（维修人员不要将身体放在安全气囊打开的轨迹之内），检查安全气囊指示灯运行是否正常。

2. 丰田安全气囊系统诊断

（1）读取故障代码。丰田汽车安全气囊系统的故障代码，可用一根跨接线跨接诊断连接器上的 TC、E1 两个端子，通过仪表上的 SRS 指示灯闪烁规律读取（见表 6-1）。

① 检查 SRS 指示灯。

② 将点火开关转到 ON 或 ACC 位置，并等待 20s 以上。

③ 用跨接线将 TDCL 诊断连接器的 TC、E1 两个端子短接。

④ 根据仪表板上的 SRS 指示灯闪烁规律读取故障代码。

表 6-1 安全气囊故障码

故障码	故障原因	故障部位	指示灯状态
正常	安全气囊正常		OFF
	安全气囊电源电压过低	蓄电池，SRS ECU	ON
11	安全气囊点火器线路搭铁	安全气囊组件，螺旋线束，前碰撞传感器，SRS ECU	ON
	前碰撞传感器线路搭铁		
12	SRS 点火器引线与电源线搭铁	安全气囊组件，螺旋线束，传感器线路，SRS ECU	ON
	前碰撞传感器引线与电源线搭铁		
	前碰撞传感器引线断路		
	螺旋线束与电源线搭铁		
13	SRS 点火器线路短路	安全气囊点火器，螺旋线束，SRS ECU	ON
14	SRS 点火器线路断路	安全气囊点火器，螺旋线束，SRS ECU	ON
15	前碰撞传感器线路断路	安全气囊线束，前碰撞传感器，SRS ECU	ON
22	SRS 指示灯线路断路	安全气囊线束，SRS 指示灯，SRS ECU	ON
31	SRS 备用电源失效	SRS ECU	ON
	SRS ECU 故障		
41	SRS ECU 曾记忆过故障码	SRS ECU	ON

（2）清码。安全气囊系统故障代码的清除方法与其他电控系统故障代码的清除方法有所不同。当故障代码 11~31 代表的故障被排除并清除故障代码之后，SRS ECU 将代码 41 存入存储器中，使 SRS 指示灯一直发亮，直到代码 41 清除后，SRS 指示灯才恢复正常显示。因此，清除安全气囊系统的故障代码需要分两步进行：第一步清除代码 41 以外的故障代码；第二步清除代码 41。

任务6　汽车空调

相关知识

一、汽车空调系统概述

（一）汽车空调系统的作用

汽车空调系统的作用是对汽车车内的空气进行调节，使车内空气的温度、湿度、流速和洁净度达到人体所需要的舒适范围。

（二）汽车空调系统的分类

1. 按功能分类

汽车空调系统按功能，可分为单功能空调系统和多功能空调系统。

（1）单功能空调系统。单功能空调系统是指汽车空调的制冷和采暖系统各自独立、自成系统。一般用于大、中型客车上。

（2）多功能空调系统。多功能空调系统是指集制冷、采暖和通风功能于一体的空调系统，它们合用一个鼓风机、一套操纵机构。这种结构的空调系统又分为制冷、暖风分别工作和制冷、暖风可同时工作两种方式，多用于轿车。

2. 按驱动方式分类

汽车空调系统按驱动方式不同，可分为独立空调系统和非独立空调系统。

（1）非独立空调系统。非独立空调系统是指空调制冷压缩机由车辆本身的发动机驱动，空调系统的制冷性能受发动机工况的影响较大，工作稳定性较差，尤其是低速时制冷量不足，而在高速时制冷量过剩，并且消耗功率较大，影响发动机动力性的空调系统。这种类型的空调系统一般用于制冷量相对较小的中、小型汽车上。

（2）独立空调系统。独立式空调系统是指空调制冷压缩机由专用空调发动机驱动，其制冷性能不受汽车发动机工况的影响，工作稳定，制冷量大的空调系统。但由于加装了一台发动机，使得空调系统结构复杂，增加了制造成本，也增加了体积和质量，多用于大、中型客车上。

3. 按控制方式分类

汽车空调系统按控制方式，可分为手动空调系统和自动空调系统。

（1）手动空调系统。手动空调系统的温度、风速等调节是车内乘员根据车内环境情况，通过空调控制面板上的各种按钮或旋钮等来实现的，它只能调节风量、风速和风向等，很难调节到舒适的温度。

（2）自动空调系统。自动空调系统是在手动空调系统的基础上，与一套电子控制单元组装而成的。它能按照操作者设定的温度进行自动调节，不需要再去调节风量、风速等，只要调到需要的温度即可，不但方便、舒适，而且还可以节约燃油。

二、汽车空调系统的组成

汽车空调系统主要由制冷系统、暖风系统、空气净化系统和操作控制系统等几部分组成。

（一）制冷系统

汽车空调的制冷系统用于对车内空气或由外部进入车内的新鲜空气进行冷却或除湿，使车内空气变得凉爽舒适。

1. 制冷系统的组成

汽车空调制冷系统由制冷剂与压缩机机油、压缩机、冷凝器、蒸发器、储液干燥器、膨胀阀等组成，如图 6-23 所示。

（1）制冷剂和压缩机机油。

① 制冷剂。在制冷系统中，用于转换热量并循环流动的物质称为制冷剂。目前，汽车空调系统中使用的制冷剂有 R12 和 R134a 两种。其中字母 "R" 是 Refrigerant（制冷剂）的简称。由于 R12 对地球臭氧层有危害，基本上被禁止使用，所以，目前 R134a 已替代了 R12，得到广泛使用。

② 压缩机机油。压缩机机油也称冷冻润滑油或冷冻机油，在制冷系统中，它和制冷剂相溶，随系统循环流动，它是一种清澈的浅黄色且无味的液体，R12 的机油为矿物油，R134a 的机油为合成油，常用聚烃乙二醇。

压缩机机油的作用：一是润滑压缩机；二是提高润滑运动部件及整个系统的密封性，保证膨胀阀的开启；三是冷却作用，能及时带走运动表面摩擦产生的热量，防止压缩机温度过高而烧坏。

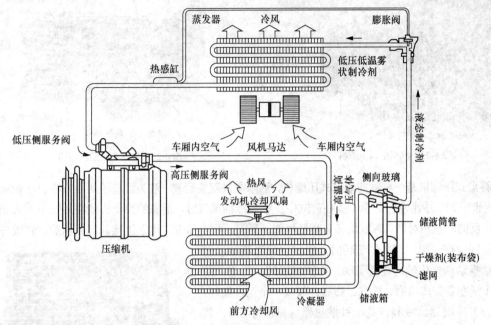

图 6-23 空调制冷系统基本组成

在使用压缩机机油时要注意：不同牌号的压缩机机油不能混装、混用；制冷系统中不能加注过量的压缩机机油，以免影响制冷效果。

（2）空调压缩机。空调压缩机的作用是维持制冷剂在制冷系统中循环，吸入来自蒸发器的低温、低压制冷剂蒸气，然后压缩成高温和高压的制冷剂蒸气，从高压管排出至冷凝器。空调压缩机由电磁离合器和压缩机两部分组成。

① 电磁离合器。电磁离合器由压板、皮带轮和定子组成，如图 6-24 所示。

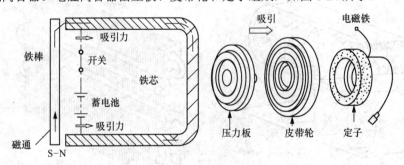

图 6-24 电磁离合器

电磁离合器的工作原理：当电磁绕组断电时，压板与皮带轮端面有一定的间隙。由于主轴与压板相连，所以，当发动机运转时，皮带轮空转。而当电磁绕组通电时，利用电磁吸力将压板与皮带轮紧紧地吸合在一起，从而主轴被驱动，即压缩机开始工作。

② 压缩机。目前，汽车空调系统的压缩机（见图 6-25）主要有：曲轴连杆式压缩机、斜盘式压缩机、摆盘式压缩机、旋叶式压缩机、滚动活塞式压缩机、涡旋式压缩机等。图 6-26 所示为斜盘式压缩机结构示意图。

图 6-25 汽车空调压缩机

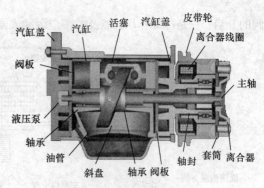

图 6-26 斜盘式压缩机结构

斜盘式压缩机是一种轴向活塞式压缩机，活塞制成双头活塞，双头活塞的两活塞各自在相对的汽缸（一前一后）中滑动，活塞一头在前缸中压缩制冷剂蒸气时，活塞的另一头就在后缸中吸入制冷剂蒸气，反向时互相对调。各缸均备有高低气阀，另有一根高压管，用于连接前后高压腔。斜板与压缩机主轴固定在一起，当主轴旋转时，斜盘也随着旋转，斜盘边缘推动活塞作轴向往复运动。如果斜板转动一周，前后两个活塞各完成压缩、排气、膨胀、吸气一个工作循环。

（3）冷凝器。冷凝器是一种散热器（见图 6-27），其作用是将压缩机排出的高温、高压制冷剂蒸气进行冷却，使其凝结为高压的液体制冷剂。制冷剂蒸发所放出的热量，被流动的空气带走，排到大气中去。

图 6-27 冷凝器实物

冷凝器结构在形式上主要有管片式、管带式和片式 3 种。它主要由冷凝器制冷剂流通管道和散热片组成，散热片的作用是增大整个散热器的热量交换面积。图 6-28 所示为冷凝器结构示意图。

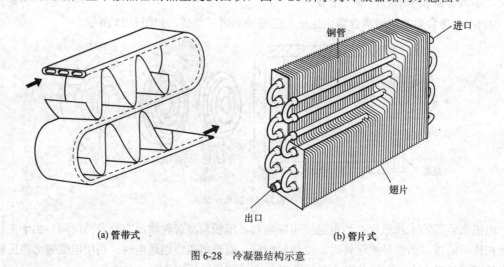

(a) 管带式　　　　　　　　　　　　　　　　(b) 管片式

图 6-28 冷凝器结构示意

冷凝器冷凝原理：冷凝器风扇将外界空气强制吹过冷凝器的散热片，将高温的制冷剂蒸气的热量带走，使之成为液态制冷剂。

（4）蒸发器。蒸发器是空调制冷系统中获得冷气的直接器件，其作用是将来自热力膨胀阀的低温低压液态制冷剂在其管道中蒸发，使蒸发器和周围空气的温度降低，同时对空气有除湿作用。

蒸发器主要由蒸发器制冷剂流通管道和散热片组成，如图 6-29 所示。

常见的蒸发器主要有管片式、管带式、层叠式等，图 6-30 所示为管带式蒸发器的结构。

蒸发器的工作原理：进入蒸发器管内的低温、低压液态制冷剂，通过管壁吸收穿过蒸发器传热表面空气的热量，使之降温。与此同时，空气中所含的水分由于冷却而凝结在蒸发器表面，经收集排出，使空气除湿，被降温除湿后的空气由鼓风机吹进车室内，就可使车内获得冷气。

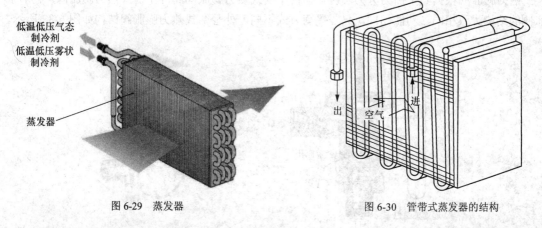

图 6-29　蒸发器　　　　　　　　　　　图 6-30　管带式蒸发器的结构

蒸发器表面的温度炉瓦，容易"结霜"或片间形成"水桥"，天长日久，铝材受到腐蚀，生成白色粉状物，由此增加了空气的流通阻力，减少了通风量，影响了蒸发器的热交换能力，使空调制冷能力下降，因此，平时应注意维护。

（5）储液干燥器。储液干燥器也称储液干燥过滤器、储液罐或干燥瓶等，安装在冷凝器和膨胀阀之间，其作用是：临时储存液态制冷剂，滤除制冷剂中的杂质，吸收制冷剂中的水分；玻璃观察窗能用于观察系统制冷剂循环流动的具体情况。

储液干燥器通常由储液干燥器体、过滤器、干燥剂、引出管和玻璃窗等构成，如图 6-31 所示。

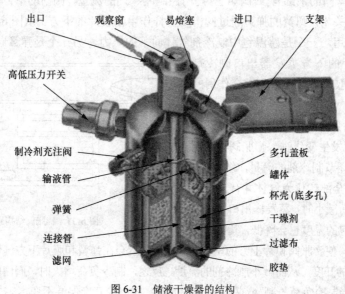

图 6-31　储液干燥器的结构

（6）膨胀阀。膨胀阀又称节流阀，安装在蒸发器入口前，为制冷剂循环高压与低压之间的分界点。在膨胀阀前，制冷剂为高压液体，而膨胀阀之后是低温饱和液体和蒸气的雾状混合物。其作用是：一是将来自储液干燥器的液态制冷剂节流减压，调节和控制进入蒸发器中的液态制冷剂的量，以适应制冷负荷变化的要求。二是保证制冷剂完全蒸发，防止压缩机发生液击现象。

目前，汽车空调制冷系统用的膨胀阀根据其调节方式不同，大致可分为热力膨胀阀和电子膨胀阀两大类。

热力膨胀阀根据其平衡力分为两种，即内平衡式热力膨胀阀和外平衡式热力膨胀阀。两种膨胀阀的结构大致相同，功能相同，只是平衡方式不同。外平衡式热力膨胀阀结构如图6-32所示。

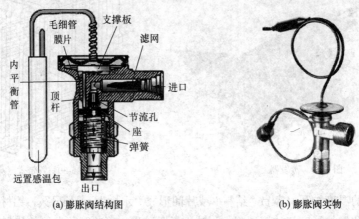

(a) 膨胀阀结构图　　　　(b) 膨胀阀实物

图6-32　外平衡式热力膨胀阀

外平衡式热力膨胀阀主要由调节和感温两部分构成。膨胀阀的入口接储液干燥器，出口接蒸发器。膨胀阀的上部有一个膜片，膜片上方通过一条细管接一个感温包。感温包安装在蒸发器出口的管路上，内部充满制冷剂气体，蒸发器出口处的温度发生变化时，感温包内的气体体积也会发生变化，进而产生压力变化，这个压力变化就作用于膜片的上方。膜片下方的腔室还有一根平衡管通蒸发器出口。阀的中部有一个阀门，阀门控制制冷剂的流量，阀门的下方有一个调整弹簧，弹簧的弹力使阀门关闭，弹簧的弹力通过阀门上方杆作用在膜片的下方。从图6-33中可知，膜片共受到3个力的作用，一个是感温包中制冷剂气体向下的压力，另一个是弹簧向上的推力，还有一个是作用在膜片的下方蒸发器出口制冷剂的压力，阀的开度取决于这3个力综合作用的结果。

外平衡式热力膨胀阀的工作原理（见图6-33）：当制冷负荷发生变化时，膨胀阀根据制冷负荷的变化自动调节制冷剂的流量，确保蒸发器出口处的制冷剂全部转化为气体并有一定的过热度。当制冷负荷减小时，蒸发器出口处的温度就会降低，感温包的温度也会降低，其中的制

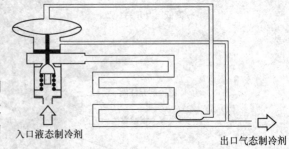

入口液态制冷剂　　　　出口气态制冷剂

图6-33　膨胀阀结构原理

冷剂气体便会收缩，使膨胀阀膜片上方的压力减小，阀门就会在弹簧和膜片下方气体压力的作用下向上移动，减小阀门的开度，从而减小制冷剂的流量。反之，制冷负荷增大时，阀门的开度会增大，制冷剂的流量增加。当制冷负荷与制冷剂的流量相适应时，阀门的开度保持不变，维持一定的制冷强度。

2．空调制冷系统的工作过程

在日常生活中，我们会有这样的体会：用酒精棉擦皮肤，或手上沾有汽油时，都会有凉的感觉，这说明当液体变成气体时吸收了热量，从而降低了温度。空调制冷就是通过消耗一定的动力把制冷剂由气体转变成液体，然后再利用由液体转变成气体过程吸收外部热量来达到制冷的目的，图 6-34 所示为制冷系统工作循环示意图。

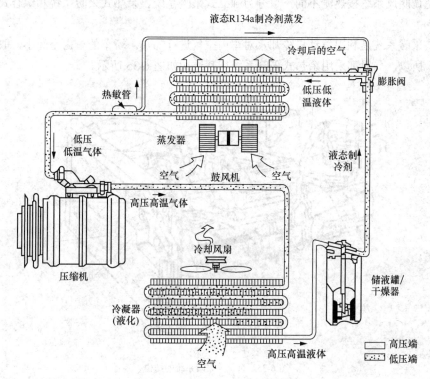

图 6-34　制冷系统工作循环示意图

在图 6-34 中，压缩机是制冷循环的动力源，由蒸发器出来的低压低温气态制冷剂，经低压软管进入压缩机，经压缩后，变成高压高温气态制冷剂，经高压软管进入冷凝器，经向车外空气散热冷却后，成为高压中温液态制冷剂，从冷凝器底部流向储液干燥器，经储液干燥器过滤、脱水后，由高压软管送至膨胀阀，经过膨胀阀节流降压，变成低压低温液态气雾状制冷剂，进入蒸发器，并在蒸发器内蒸发、沸腾，大量吸收蒸发器管壁的热量，使车内热空气不断流至蒸发器得到冷却，冷却后的空气由鼓风机送回车内空间，达到降低车内温度的目的。低压低温液态气雾状制冷剂在蒸发器内蒸发、沸腾后，汽化为低压低温气态制冷剂，再经低压软管送至压缩机，从而完成制冷循环。

由此可见，制冷循环是由压缩、放热、节流和吸热 4 个过程组成。

（1）压缩过程。压缩机从蒸发器吸入低压低温气态制冷剂，并将其压缩成高压高温气态制冷剂。

（2）放热过程。高压高温气态制冷剂由冷凝器散热，冷凝成高压中温液态制冷剂。

（3）节流过程。高压中温液态制冷剂由膨胀阀节流、降压，转变成低压低温液态气雾状制冷剂送入蒸发器。

（4）吸热过程。低压低温液态气雾状制冷剂在蒸发器内蒸发、沸腾，吸收大量热量，降低车内温度。与此同时，汽化为低压低温的气态制冷剂再流回压缩机。

（二）暖风系统

暖风系统主要用于取暖，是汽车空调中的功能之一，其作用是将车外空气送入到热交换器，吸入来自热源的热量，从而提高空气温度，并将此热空气送入车内，达到保暖和风窗玻璃除霜的目的。

汽车空调暖风系统按热源不同，可分为独立式采暖系统、余热式采暖系统和综合式采暖系统3种类型。

余热式采暖系统是利用发动机冷却水对车内空气进行加热。轿车的车内空间小，取暖需要的热量较少，所以，一般都采用余热式采暖系统，其结构如图 6-35 所示。

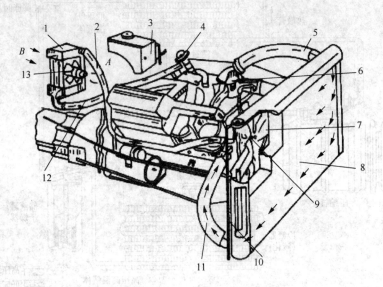

图 6-35　余热式采暖系统的结构

1—加热器芯；2—加热器出水管；3—膨胀水管；4—冷却液控制阀；5—散热器进水管；6—恒温器；

7—风扇；8—散热器；9—水源；10—散热器溢流管；11—散热器出水管；12—加热器进水管；

13—加热器鼓风机；A—冷却水的流动方向；B—气流方向

余热式采暖系统的工作原理：发动机冷却水温达到 80℃时，冷却系中的节温器主阀门开启，使冷却水进行大循环。节温器和加热器之间装有一个热水阀，需要采暖时，打开此热水阀。从发动机水套出来的热水流经节温器主阀门后，一部分流到供暖系统的加热器，另一部分流到散热器散热。进入加热器内的热水向加热器周围空气传热，在鼓风机作用下，车内或外部新鲜空气经过加热器后，冷空气变成了热空气，热空气经通风管道的不同出风口被送入车内。从加热器流出的冷却水，由水泵吸入发动机的水套内，完成一次供暖循环。

（三）空气净化系统

空气净化主要是除去空气中的悬浮尘埃。此外，在某些高级豪华轿车空调中，还设有除臭和空气负离子发生装置。

汽车行驶时，悬浮粉尘是其最大的污染。根据粉尘特性的不同，除尘净化可采取过滤除尘和静电除尘两种形式。

汽车空调中，过滤除尘的方法是，选用聚氨酯泡沫塑料、化纤无纺布和各种人造纤维做过滤器，常用的有花粉过滤器等。过滤器一般安装在蒸发器壳体内，应定期进行更换。

静电除尘是指利用高压电极产生高压电场，对空气进行电离，使尘粒带电，然后在电场作用下产生定向运动，沉降在正、负电极上，从而实现对空气的除尘。

（四）操作控制系统

汽车空调操作控制系统的作用是：对制冷和暖风系统的温度、压力进行控制，同时对车内空气的温度、风量、流向进行控制，实现空调系统的正常工作。

任务实施

汽车空调的使用与维护

一、实施前的准备

1．工具、仪器

数字万用表、汽车电脑故障诊断仪、常用电工工具等。

2．设备、材料

带自动空调或手动空调的实训车辆、空调压力表、制冷剂回收机、制冷剂、冷冻机油、保险丝、继电器、绝缘胶带等。

二、实施方法

（一）汽车空调的使用

对于非独立汽车空调，其操作使用比较方便，但能否正确使用，将对机组的性能及使用寿命、发动机的工作稳定性及功耗都会有较大的影响。为此，汽车空调使用时应注意以下几点。

（1）严格按汽车空调生产厂家规定的空调维护规程进行维护。

（2）在发动机停止转动时，尽量避免使用空调，以免蓄电池亏电，再次起动发动机受影响。

（3）高挡位起动或长距离上坡，应暂时关闭空调。

（4）行车使用空调时，尽量关闭通风口、车窗和车门，否则，会降低制冷和采暖效果。

（5）应经常检查下列各部分。

① 检查各管路接头、固定夹及连接固定件的拧紧情况。

② 检查各处导线接头、插头插座，以防松动脱落。

③ 检查风扇皮带挠度，防止冷却水箱过热。

④ 检查制冷剂量是否足够，是否有泄漏处。

⑤ 检查储液干燥器是否有堵塞的现象。

⑥ 检查运行中是否有不正常的声音。

（二）汽车空调系统维修的基本操作

1．制冷剂排放

若需要拆卸制冷系统中部件，则首先要排放制冷系统中的制冷剂，使制冷系统卸压后才能进行拆卸，排空作业要在通风良好的场所进行，其步骤如下。

（1）安装压力表组。如图6-36所示，先关闭压力表上高压和低压连接管侧手阀，低压软管接至低压检测充注阀，高压软管接至高压检测充注阀，并拧紧软管螺母。

（2）将管压力表的中央软管自由端放在一块干净的工作布上。

（3）缓慢地打开高压侧手阀，调节制冷剂流量，打开手阀时，要轻微，以防制冷剂排放太快，压缩机油从空调系统中流出。

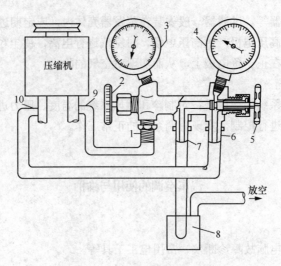

图 6-36 制冷剂排放的管路连接

1—低压管；2—低压手动阀；3—低压表；4—高压表；5—高压手动阀；6—高压管；

7—中间管；8—量杯；9—低压检修阀；10—高压检修阀

（4）检查干净工作布上是否有油，如果有，应关小手阀。

（5）当高压表读数降到 343kPa 时，慢慢打开低压侧手阀。

（6）随着空调系统压力下降，逐步将高压和低压侧手阀全打开，直至两个表读数为 0。

2．制冷系统压力检测

用歧管压力表检查系统压力，如图 6-37 所示。

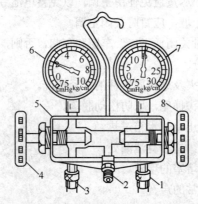

图 6-37 制冷系统压力检测

1—接高压侧；2—检测压力；3—接低压侧；4—低压侧手阀；5—低压侧阀门；

6—低压表；7—高压表；8—高压侧手阀

检测方法：预热发动机；使发动机保持在 1500r/min 或 2000r/min 运转；打开空调开关，将鼓风机转速设置为最高挡；设置成内循环；将温度控制模式设置为最冷；关闭所有的门以及窗口。

在上述特定条件下，将歧管压力表与空调系统相连，关闭歧管压力表上的高压和低压侧手阀，从歧管压力表上读取压力值，空调系统功能正常。歧管压力表读数为：低压侧 0.15～0.25MPa；高压侧 1.2～1.6MPa。

这里的表压力为 R134a 空调系统。

3．制冷剂的加注

充注制冷剂的方法，一般有两种。

（1）充入液态制冷剂法（适合给新系统充注制冷剂）。充入液态制冷剂法是通过歧管压力表的高压侧向制冷系统注入液态制冷剂。其程序如下。

① 当系统完成抽真空和检漏程序之后，关闭歧管压力表的高低压两侧手动阀。

② 将中间软管的一端与制冷剂罐注入阀的接头连接起来，如图 6-38（a）所示。打开制冷剂罐开启阀，再拧松歧管压力表软管一侧管，让气体溢出几十秒钟后再拧紧。

③ 拧开高压侧手动阀，使制冷罐倒立起来，以便从高压侧注入液态制冷剂。直到注入量符合规定要求为止。先关闭制冷剂罐阀，然后再关闭高压侧手动阀，拆下歧管压力表。

 从高压侧向系统注入制冷剂时，千万不能起动发动机，而且充注时不能拧开低压手动阀。

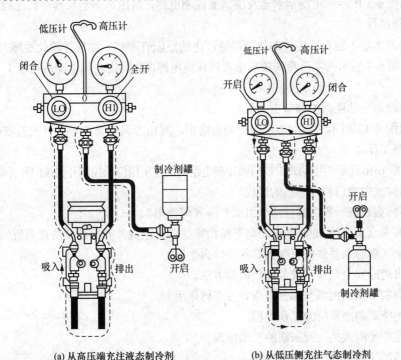

(a) 从高压端充注液态制冷剂　　(b) 从低压侧充注气态制冷剂

图 6-38　制冷剂充注方法

（2）充入气态制冷剂法（适合给系统补充充注制冷剂）。充入气态制冷剂法是通过歧管压力表的低压侧向制冷系统注入气态制冷剂。其程序如下。

① 如图 6-38（b）所示，将歧管压力表与压缩机和制冷剂罐连接。

② 打开竖立的制冷剂罐阀，拧松中间注入软管在歧管压力表侧的螺母，直至听到制冷剂蒸气有流动的声音，然后拧紧螺母。

③ 打开低压侧手动阀，让制冷剂进入系统。当系统压力值达到 4.2×10^5Pa 时，关闭低压侧手动阀。

④ 起动发动机，将再循环开关设定在"内循环"状态，发动机在 1500r/min 下运转；把风机开关置 HI 挡和温度开关置 MAX 挡。

⑤ 再打开低压手动阀，让制冷剂继续进入制冷系统。直到注入量达到规定值。对于 R134a 空调系统，在工作正常状态时的歧管压力表读数为：低压侧 0.15～0.25MPa，高压侧 1.37～1.57MPa。

⑥ 在向系统中注入制冷剂后，从观察窗中观察有无气泡流过，等到没有气泡出现后，关闭制冷剂罐阀，关上低压手动阀，拆去歧管压力表。

思 考 与 练 习

1. 简述风窗洗涤装置和电动刮水器的作用和组成。

2. 根据图 6-3 所示的电动刮水器及洗涤器控制电路，写出电动刮水器在高速挡、停止挡及间歇挡时的工作过程。

3. 电动刮水器不能自动停位的故障可能产生的原因有哪些？如何排除此故障？

4. 根据图 6-7 所示的本田雅阁轿车电动后视镜电路图，写出左侧电动后视镜上下角度调整的电路通路。

5. 如何检测电动座椅的调节电动机？

6. 根据图 6-12 所示的电动车窗的控制电路图，写出当驾驶员按下主开关的右前车窗上升开关时，其电路工作过程。

7. 根据图 6-16 所示的电动式中控门锁控制电路图，写出用门锁控制开关锁门和开锁的电路通路。

8. 写出检测中央门锁电动机的过程。

9. 汽车防盗系统一般由哪些部分组成？各有何作用？

10. 上海大众桑塔纳 2000 轿车防盗系统由哪些部分组成？并简述此防盗系统的工作原理。

11. 安全气囊的主要部件有哪些？各有什么作用？

12. 写出清除安全气囊系统故障代码的方法。

13. 空调制冷系统由哪些部分组成？各有何作用？

14. 简述空调制冷系统的工作过程。

15. 简述外平衡式热力膨胀阀的工作原理。

16. 简述加注液态制冷剂操作过程。

知识目标
◎ 掌握汽车巡航系统的作用及组成。
◎ 理解汽车巡航系统各部分的作用。
◎ 了解汽车巡航系统的使用注意事项。

能力目标
◎ 会使用汽车巡航系统。

任务一 汽车巡航系统基础知识

相关知识

一、巡航控制系统的概述

1. 功能

汽车巡航控制系统（Crusie Control System，CCS），也称为速度控制（Speed Control）系统或自动驾驶（Auto Drive）系统等。

巡航控制系统是一种利用电子控制技术保持汽车自动等速行驶的系统。在汽车长途行驶，特别是在高速公路上行驶时，变换车速的频率及范围都较少。若右脚不得不一直踩加速踏板，驾驶员容易疲劳；若接通巡航控制主开关，设定希望的车速，巡航控制系统将根据汽车行驶阻力的变化，自动增大或减小节气门开度，使汽车按设定的车速等速行驶，驾驶员不必操纵加速踏板。

2. 巡航控制系统优点

汽车以一定的速度行驶时，减少了驾驶员的负担，使其可以轻松地驾驶。节省燃料，具有一定的经济性和环保性，提高汽车驾驶时的舒适性，使汽车的燃料供给与发动机功率之间处于最佳的配合状态，在同样的行驶条件下，可节省燃料 15%。并减少了废气排放。保持汽车车速的稳定（乘员舒适），汽车无论是在上坡、下坡、平路上行驶，或是在风速变化的情况下行驶，只要在发动机功率允许的范围内，汽车的行驶速度保持不变。

二、汽车巡航控制系统的组成和原理

1．组成

汽车巡航控制系统由巡航控制开关、传感器、电控单元和执行器等组成，图 7-1 所示为汽车巡航控制系统主要部件在汽车上的布置示意图。

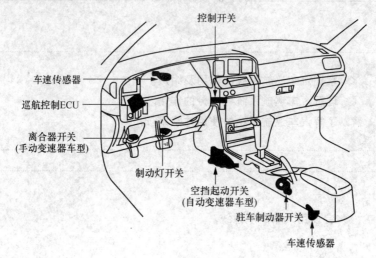

图 7-1　巡航控制系统部件位置示意

2．基本原理

汽车巡航控制系统的基本原理如图 7-2 所示。驾驶员操纵巡航控制开关，将车速设定、减速、恢复、加速、取消等命令输入 ECU，计算机便记忆此时车速，并按该车速对汽车进行等速行驶控制，汽车在巡航行驶过程中，不断通过比较电路将实际车速与设定车速进行比较，计算出实际车速与设定车速的差值。然后，通过补偿电路输出对执行部件的命令，执行部件控制发动机节气门开大或关小，使实际车速保持或接近设定车速。

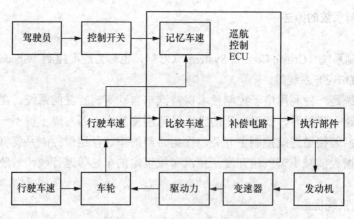

图 7-2　巡航控制系统控制原理

三、巡航控制系统各部分的作用

1．巡航控制系统的开关

巡航控制系统的开关，包括巡航控制开关、制动开关（驻车制动开关、行车制动开关）、离合器开关、空挡开关。

（1）巡航控制开关。巡航控制开关，一般采用手柄式开关，安装于转向盘下方，如图 7-3（a）所示。也有的采用按键式开关，装在转向盘上，如图 7-3（b）所示。巡航控制开关包括总开关（ON/OFF）、定速/减速开关（SET/COAST）、恢复/加速开关（RES/ACC）和取消（CANCEL）开关。

(a) 手柄式　　　　　　　　　　(b) 按键式

图 7-3　巡航控制开关

① 总开关（ON/OFF）。系统上电开关。

② 定速开关（SET）。按下此键，巡航系统采样到此时的车速作为巡航系统设定车速。

③ 加速开关（ACC）。按一次此键，车速增加 1.6km/h。

④ 减速开关（COAST）。每按一次车速自动减小 1.6km/h。

⑤ 恢复键（RES）。按下此开关时，车速恢复到设定车速。

⑥ 取消开关（CANCEL 或 DECEL）。解除巡航状态。

（2）制动、离合器、空挡开关。制动开关包括驻车制动开关和行车制动开关、离合器踏板开关、空挡开关，这几种开关有其一被按下，巡航系统将被解除巡航控制。

2. 传感器

（1）车速传感器。车速传感器的类型有电磁式、霍尔式、光电式、舌簧开关式等。车速传感器的作用是向巡航控制 ECU 提供实时车速信号，ECU 将接收到的实际车速与设定车速进行比较，控制节气门的开度，实现等速控制。

（2）节气门位置传感器。节气门位置传感器的作用是向巡航控制 ECU 提供节气门位置信号，ECU 根据设定车速和实际车速的关系，计算并确定节气门输出量的大小。

（3）节气门控制摇臂传感器。节气门控制摇臂传感器是巡航控制系统专用的传感器，它的作用是对巡航控制单元 ECU 提供节气门控制摇臂位置的电信号，目前应用较多的是滑线电位计式，如图 7-4 所示。当节气门控制摇臂转动时，电位计随之转动，便输出一个与控制摇臂位置成比例变化的、连续变化的电信号。

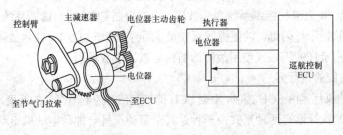

(a) 结构示意　　　　　　　　　　(b) 电路原理

图 7-4　节气门控制摇臂传感器及电路原理

3．巡航控制系统 ECU

巡航控制 ECU 接收来自巡航控制开关、车速传感器信号和其他的开关信号，按照存储的程序对巡航系统进行控制。

（1）记忆设定车速功能。当主开关接通，车辆在巡航控制车速范围内（一般为 40km/h～200km/h）行驶时，可以设定巡航车速。

（2）等速控制功能。ECU 将实际车速与设定车速进行比较，确定节气门是否应该开大或关小，并根据实际车速与设定车速的差值，计算出节气门开大或关小的量；然后对执行器进行控制，保证汽车按设定车速等速行驶。

（3）设定车速调整功能。当汽车以巡航控制模式行驶时，如果需要使设定车速提高或降低，则只要操作恢复/加速或定速/减速开关，就可以使设定车速改变，巡航控制 ECU 将记忆改变后的设定车速，并按新的设定车速进行巡航行驶。

（4）取消和恢复功能。当汽车以巡航控制模式行驶时，如果接通取消开关或接通任何一个其他的退出巡航控制开关，巡航控制 ECU 将控制执行器，使巡航控制取消。取消巡航控制以后，要想重新按巡航控制模式行驶，只要操作恢复/加速开关，巡航控制 ECU 即可恢复原来的巡航控制行驶。

（5）车速下限控制功能。车速下限是巡航控制所能设定的最低车速。不同的车型稍有不同，一般为 40km/h。车速低于 40km/h 时，巡航车速不能被设定，巡航系统不能工作。当巡航行驶时，如果车速降至 40km/h 以下，则巡航控制将自动取消，且巡航 ECU 存储器内存储的设定车速将被清除。

汽车在巡航控制模式行驶时，如果操作加速开关，车速也不能加速至 200km/h 以上。

（6）车速上限控制功能。车速上限是巡航控制所能设定的最高车速，一般为 200km/h。车速超过该数值，不能设定巡航控制车速。

（7）安全电磁离合器控制功能。当汽车以巡航控制模式行驶时，如果因为下坡，汽车车速高于设定车速 15km/h，则巡航控制 ECU 将切断巡航控制系统的安全电磁离合器使车速　降低。当车速降低至比设定车速高出不足 10km/h 时，安全电磁离合器再次接通，恢复巡航控制。

（8）自动取消功能。当汽车以巡航控制模式行驶时，若出现执行器驱动电流过大，伺服电动机始终朝节气门打开的方向旋转时，则巡航控制 ECU 存储器内存储的设定车速将被清除，巡航控制模式将被取消，主开关同时关闭。

此外，当巡航控制 ECU 诊断出系统有故障时，将会使巡航系统自动停止工作。

（9）自动变速器控制功能。当具有自动变速器的汽车以巡航控制模式行驶时，如果上坡时变速器在超速挡，车速降至比设定车速低 4km/h 以上时，巡航控制 ECU 将超速挡取消信号送至自动变速器 ECU，取消自动变速器超速挡。当车速升至比设定车速低 2km/h 时，巡航控制 ECU 将超速挡恢复信号送至自动变速器 ECU，恢复自动变速器超速挡。

（10）诊断功能。如果巡航控制系统发生故障，巡航控制 ECU 的自诊断系统能够诊断出故障，并使仪表板上的巡航指示灯闪烁，以便提醒驾驶员。同时，巡航控制 ECU 将故障码存储在存储器内。通过巡航控制指示灯的闪烁或使用故障诊断仪可以读取故障码。

4．巡航控制系统的执行器

巡航控制系统的执行器由 ECU 控制，根据 ECU 的控制信号控制节气门的开度，以保持车速恒定。

巡航控制系统的执行器有两种形式：一种是真空驱动；另一种是电动机驱动。

（1）真空驱动型执行器。真空驱动型执行器依靠真空力驱动节气门，真空驱动型执行器主要由控制阀、释放阀、两个电磁线圈、膜片、回位弹簧和空气滤清器等组成。真空源有两种取得方式：一种是仅从发动机进气歧管取得；另一种是从发动机进气歧管和真空泵取得，当进气歧管真空度较低时，真空泵参与工作，提高真空度（见图7-5）。

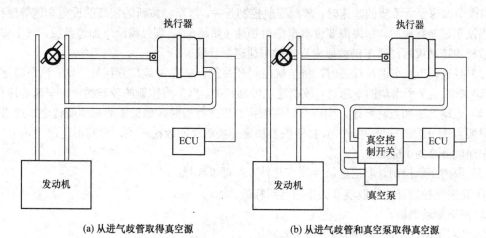

(a) 从进气歧管取得真空源　　　　(b) 从进气歧管和真空泵取得真空源

图 7-5　巡航控制系统真空型驱动器的动力源

（2）电动机驱动型执行器。巡航控制 ECU 控制电动机的工作，如图 7-6 所示。使电动机顺时针或逆时针旋转，从而改变节气门的开度。

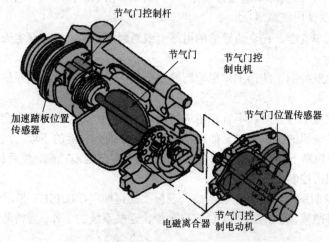

图 7-6　巡航控制系统电动机驱动器的结构

为了防止节气门完全打开或完全关闭后电动机继续转动，电动机安装了两个限位开关，用于控制电动机的转动。

> 任务实施

巡航控制系统的使用

1．巡航控制系统的操作方法

（1）设定车速。按下巡航控制主开关，踏下加速踏板使汽车加速，当达到希望的车速时（必须高于巡航系统工作时的最低车速），将巡航控制开关推至定速/减速位置后放松。

开关放松时的车速即被巡航控制 ECU 记忆为设定车速，巡航系统开始工作。此时驾驶员可以放松加速踏板，巡航系统控制节气门按设定车速等速行驶。

（2）加速。当汽车巡航行驶时，将巡航控制开关置于恢复/加速位置保持不动，汽车将逐渐加速。当汽车加速至所希望的车速时，放松巡航控制开关，汽车将按新的较高的设定车速等速行驶。当汽车巡航行驶时，如果需要使汽车临时加速（如超车），则只需踏下加速踏板，汽车即可加速，放松加速踏板后，汽车仍按原来设定的车速巡航行驶。

（3）减速。当汽车巡航行驶时，将巡航控制开关置于定速/减速位置保持不动，汽车将逐渐减速。当汽车减速至所希望的车速时，放松巡航控制开关，汽车将按新的较低的设定车速等速行驶。

（4）点动升速和点动降速。当汽车以巡航控制模式行驶时，如果需要对巡航设定车速进行微调，只要点动一次恢复/加速开关（接通恢复加速开关后立即放松开关，时间不超过 0.6s），巡航设定车速就升高约 1.6km/h。

（5）取消巡航控制。取消巡航控制有几种方式可以选择。

① 将巡航控制开关的取消开关接通然后释放。

② 踏下制动踏板。

③ 装有手动变速器的汽车踏下离合器踏板。

④ 装有自动变速器的汽车将变速杆置于空挡位置。

（6）恢复巡航行驶。如果通过操作退出巡航控制开关中的任何一个开关使巡航控制取消，要恢复巡航行驶，只要将恢复/加速开关接通然后放松开关，汽车将恢复原来巡航行驶。但如果车速已降低至 40km/h 以下，或实际车速低于设定车速 16km/h 以上，ECU 将不能恢复巡航行驶。

2．巡航控制系统使用注意事项

（1）为了保证行车安全，在交通繁忙的道路上或遇到雨、雾、雪等恶劣天气时，不要使用巡航控制系统。

（2）为了避免巡航控制系统误工作影响驾驶安全，在不使用巡航控制系统时，应将巡航控制系统的主开关关闭。

（3）在较陡的坡道上行驶时，不宜使用巡航控制系统。因为较大的坡度会引起发动机的转速变化过大，不利于发动机的正常工作。如果在巡航行驶时遇到较陡的下坡，汽车车速会高出设定车速许多，此时可首先踏下制动踏板使汽车减速；同时也取消巡航控制，然后将变速器换入低挡，利用发动机的运转阻力控制汽车车速。

（4）使用巡航控制系统时，要注意观察仪表板上的巡航（CRUISE）指示灯是否闪亮。若闪亮则说明巡航系统有故障，巡航控制 ECU 将自动停止巡航系统的工作，应待故障排除后再使用巡航控制系统。

思 考 与 练 习

1．巡航系统的作用是什么？

2．巡航系统由哪几部分组成？

3．巡航系统有哪些主要的传感器？

4．巡航系统的执行器有几种？

5．使用巡航系统时应注意哪些问题？

8 汽车整车电路

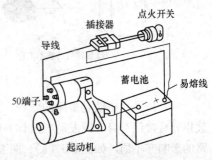

任务1 汽车电路的基础知识

相关知识

一、汽车电路

1. 汽车电路的概念

汽车电路是用选定的导线将汽车中的电气设备相互连接成直流电路，构成一个完整的供、用电系统，图 8-1 所示为汽车的起动电路。

2. 汽车电路的组成

绝大多数的汽车电路均包括电源（见图 8-1 中的蓄电池）、负载（见图 8-1 中的起动机）、保护装置（见图 8-1 中的易熔线）、控制装置（见图 8-1 中的点火开关）、导体（导线或电缆）。在汽车电路中，电流从电源的正极流出，经由负载、保护装置、控制装置，然后回到蓄电池的负极，构成一个完整的电流回路。图 8-1 显示了一个完整的汽车电路的电流通路。

图 8-1　汽车的起动电路

汽车的电源包括蓄电池和发电机，负载是指汽车中的所有用电设备（如各种灯、电磁阀、喷油器、直流电机等），保护装置是指各种保险丝、断路器、易熔线等，控制装置是指各种开关、继电器等，导线是指汽车上的所有连接电线。

3．电路的状态

汽车电路有 3 种状态，即通路、断路、短路。

（1）通路。通路也叫闭合回路。电源与负载接通，电路中有电流通过，电气设备或元器件获得一定的电压和电功率，进行能量转换或实现某种控制功能。图 8-2 所示为电路通路状态，在图 8-2 所示的电路中，灯泡将蓄电池输出的电能转换成了光能和热能。

（2）开路。开路也称断路。电路中没有电流通过，又称为"空载"状态。断路会使电路无法正常工作，如图 8-3 所示的断路状态。

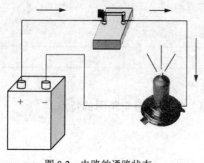

图 8-2　电路的通路状态

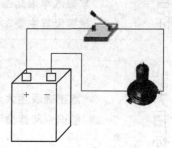

图 8-3　电路的断路状态

（3）短路。电路中，电流应流过整个负载构成一个完整的电流回路，因某种原因（导线或负载的绝缘损坏）使电流的流经路径缩短再回到电源的负极，此现象称作短路。短路是否会影响负载的工作，需视短路的位置而定。如图 8-4（a）所示短路后负载不能工作，图 8-4（b）所示短路后负载可正常工作。

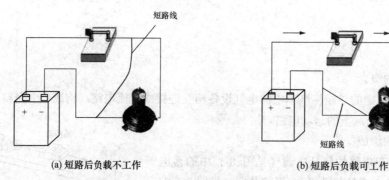

(a) 短路后负载不工作　　　　　　　　　　　(b) 短路后负载可工作

图 8-4　短路状态

（4）搭铁。搭铁是短路的一种。当电路中的某处因绝缘破坏使电流不经原来的路径，而是从破损处直接经车身（或发动机缸体）回到电源负极的现象叫作搭铁。搭铁出现的位置不同，对电路的影响亦不同，如图 8-5（a）、图 8-5（b）所示。

二、汽车电路图

1．汽车电路图的概念

汽车电路图就是按一定的要求，用规定的图形符号和文字符号来表示汽车各电气设备或控制系统的连接关系图。各个国家对汽车电路图的规定有所不同，使得汽车的电路图存在很大差异，图 8-6 所示为国产车常见汽车照明系统的电路图。表 8-1 列出了汽车电路图中常用的部分电器元件的图形符号。

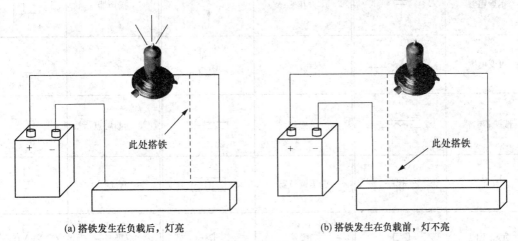

(a) 搭铁发生在负载后，灯亮   (b) 搭铁发生在负载前，灯不亮

图 8-5 搭铁现象

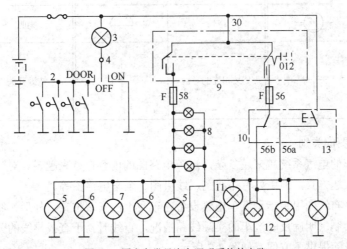

图 8-6 国产车常见汽车照明系统的电路

1—蓄电池；2—门控开关；3—室内灯；4—室内灯手控开关；5—示宽灯；6—尾灯；7—牌照灯；8—仪表灯；
9—灯光开关；10—变光开关；11—远光指示灯；12—前照灯；13—超车灯开关

表 8-1　　　　　　　　　　　汽车电路中的常用图形符号

名　称	国标符号	名　称	国标符号	名　称	国标符号
可变电阻（2）	⊟	NPN 型三极管	⊕	灯泡	⊗
可变电容	⧧	PNP 型三极管	⊕	开关	—•—

续表

名　称	国标符号	名　称	国标符号	名　称	国标符号
电解电容		火花塞		扬声器	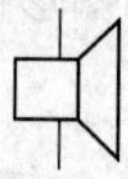
可变电感		双丝灯泡		搭铁	
带铁芯电感	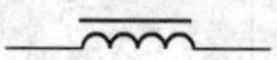	电磁阀	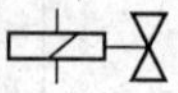	动断触点	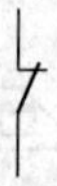
电池		电压调节器	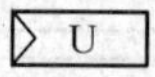 U	动合触点	
定值电阻		二极管	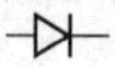	双极开关	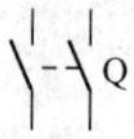
电动机	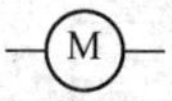 M	电铃		喇叭	
交叉不相连的导线		交叉相连的导线		按键开关	

2．汽车电路图的类别

由于现代汽车的电气系统越来越复杂，汽车电路图的内容也越来越多。对一辆汽车来说，其整车电路有多种表达方式，但主要有布线图、线束图、全车电路图等。

（1）布线图。布线图用于指示汽车电气设备在车身上的安装位置、外形、线路走向。按电气设备的实际方位绘制，明确反映汽车的实际线路情况，查线时易于查找导线的分支和节点，为安装、检测和故障排除提供了方便，如图 8-7 所示。

（2）线束图。线束图用来表明线束与电气设备的连接部位、接线端子的标记、线头、插接器的形状和位置等。线束图一般不详细描绘线束内部的导线走向，只将露在线束外面的线头与插接器用详细编号或字母标记，便于安装、配线、检测与检修。图 8-8 所示为北京现代伊兰特（ELANTRA）仪表台控制线束在车上的布置图。

（3）全车电路图。全车电路图用于指明全车电气系统中各部件的连接关系和电路原理。它有整车电路图和局部电路图之分。全车电路图，包含了全车所有的电气系统，它是由若干个局部电路图组成的，图 8-9 所示为我国的汽车全车电路图（图中序号所代表的器件与图 8-7相同）。

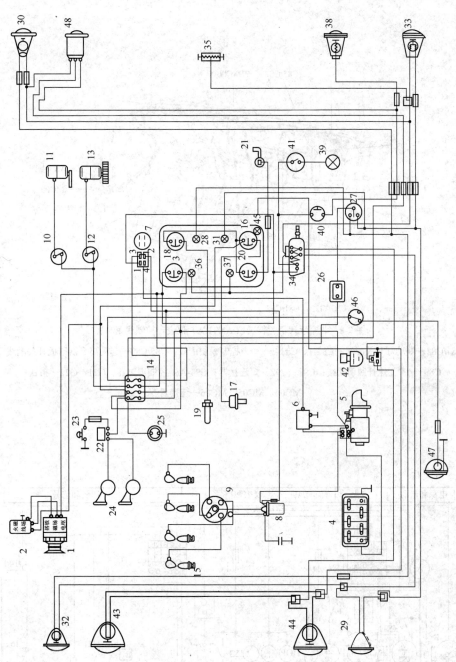

图 8-7　汽车布线

1—发电机；2—电压调节器；3—电流表；4—蓄电池；5—起动机；6—起动继电器；7—点火开关；8—点火线圈；
9—分电器；10—刮水器开关；11—刮水电动机；12—暖风开关；13—暖风电机；14—熔断丝盒；15—火花塞；
16—机油压力表；17—油压传感器；18—水温表；19—水温传感器；20—燃油表；21—燃油传感器；22—喇叭
继电器；23—喇叭按钮；24—电喇叭；25—工作灯插座；26—闪光器；27—转向灯开关；28、31—转向
指示灯；29、32—前小灯；30、33 室灯；34—车灯开关；35—牌照灯；36、37—仪表灯；38—制动灯；
39—阅读灯；40—制动灯开关；41—阅读灯开关；42—变光器；43、44—前照灯；
45—远光示灯；46—雾灯开关；47—防空/雾灯；48—电源插座

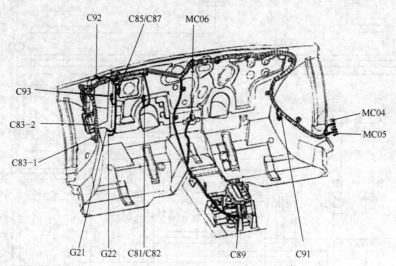

图 8-8　北京现代伊兰特（ELANTRA）仪表台控制线束布置

C81/C82—制动灯开关配线；C83-1、C83-2—动力控制模块配线；C85/C87—起动离合器踏板开关配线；

C89—AT 变速杆照明配线；C91、C92—短连接器；C93-A/T 控制继电器；G21、G22—搭铁；

MC04、MC05、MC06—连接器

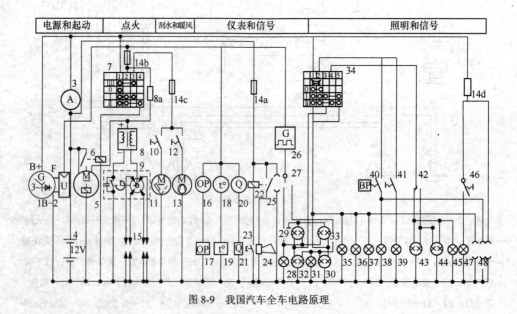

图 8-9　我国汽车全车电路原理

三、全车电路图的系统组成

现代汽车上的电气设备及电子控制系统很多，全车的电路系统变得日益复杂，就其功能来说，全车电路图包括 9 大系统，如图 8-10 所示。

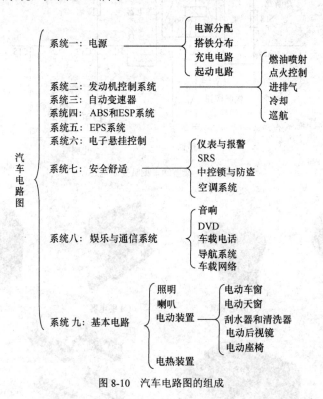

图 8-10　汽车电路图的组成

喇叭工作电路的连接

一、实施前的准备

1. 工具、仪器

汽车常用电工具。

2. 设备、材料

桑塔纳维修手册、保险丝、电喇叭继电器、接线端子、电喇叭、绝缘胶带、按钮开关、蓄电池、连接导线等。

二、实施方法

（1）根据桑塔纳 2000GSi 轿车的喇叭电路图（见图 8-11），绘制一个简单的喇叭工作原理图。

（2）根据自己所画的原理图及所给的电气元件（见图 8-12），将它们用导线连接起来，组成一个喇叭工作电路。

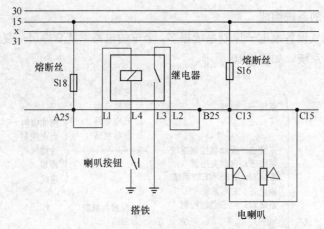

图 8-11　桑塔纳车喇叭控制电路

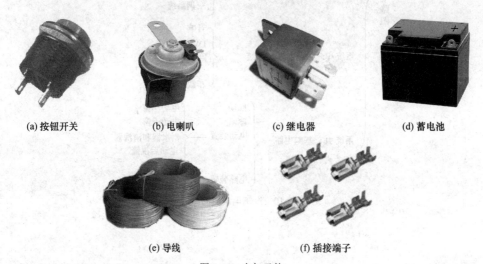

图 8-12　电气元件

任务2　汽车电路图的识读方法

相关知识

由于各国汽车电路图的绘制方法、符号和文字标识、技术标准等都不尽相同，`因此读图前，一定要分清楚电路图的类型，熟悉电路图的特点及规定，知道各电气元件的结构、原理和表达方法，知道各电路图的接线规律等。

一、汽车电路图的特点

以图 8-13 所示的桑塔纳 2000 电路图为例，说明汽车电路原理图的特点。

（1）所有用电设备、开关、继电器等都有规定的名称或代号，这些都是为了方便查找它们在车上的位置，有利于故障查询。

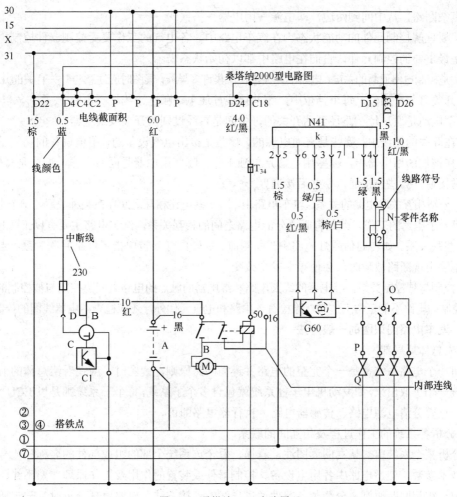

图 8-13　桑塔纳 2000 电路原理

（2）电源部分到各电气、熔断器或开关的导线是公共火线（见图 8-13 中的"30"线），在电路图中一般画在电路图的上部。

（3）标准的电路图，开关的触点位于零位或静态，即开关处于断开状态或继电器处于不通电状态。

（4）汽车电路的特点是双电源（见图 8-13 中的"A—蓄电池和 C—发电机"）、单线制，各电器相互并联，继电器和开关等控制装置串联在相应的电路中。

（5）大部分用电设备都受熔断器保护。

（6）绝大多数电路图中都标有导线的颜色与规格（见图 8-13 中的"1.5 棕、1.5 黑等"）。

（7）汽车整车电路，一般都按各个电路系统来绘制，如电源系、起动系、点火系、信号系统等。

二、汽车电路图识读要领

（1）要认真阅读图注，了解电路图名称、技术规范，代码、电气元件表达方式、粗细线的含义，如图 8-13 所示的 A 代表蓄电池；B 代表起动机，C 代表发电机等，①、②、③、④、⑦代表共同搭铁点位置。

（2）熟悉各电气及电子控制装置的结构和原理，这对分析汽车电路原理、故障原因十分重要。

（3）掌握回路的分析方法。分析回路有两种：对简单电路，从前到后，即电源→用电器→搭铁；对复杂回路，从中间到两边，即电源→用电器→搭铁。

（4）要理解控制元件的功能状态。在汽车电路中，各电气的工作要受控制器件控制，开关和继电器是最重要的控制元件，它们在电路中都以初始状态表示。

开关是控制电路通断的关键，电路中开关往往汇集许多导线，读图时应注意与开关有关的几个问题。

① 开关有几个挡位，每个挡位中，哪些接线柱通电，哪些接线柱断电？

② 蓄电池是通过什么路径到达开关的，中间是否经过别的开关或继电器？

③ 在开关的接线中，哪些是直通电源的，哪些是接用电气设备的，用电设备的功能是什么？

④ 在被控的用电器中，哪些用电器是单独工作，哪些用电器是同时工作，哪些是短暂接通，哪些是常接通，哪些先接通，哪些后接通？

（5）分清相互关联电路的关系。汽车电路中，有一些电路相互之间存在某种关联，一个电路故障会影响另一个电路的工作，因此有必要分清电路之间的相互关系，汽车电路主要有以下两种关系。

① 并联关系。如转向信号灯电路中，同侧前、后转向灯和转向指示灯是并联关系，当某个转向灯或电路出现断路故障时，会使频率发生改变。

② 控制与被控制关系。继电器的线圈电路和继电器的触点的电路之间为控制与被控制的关系。当触点控制的电路不能正常工作时，除检查该电路和电气元件外，还应检查继电器线圈的控制电路。

三、汽车电路图识图的一般方法

1. 先总体后局部

任何一个电路系统都是一个完整的电路并遵循回路原则，读图时，应在看清总体的前提下，把子系统一个个取出来，如发动机电子控系统就包含多个子系统，每个子系统都是以 ECU 为中心，读图时，只要分清电源电路、传感器电路、执行器电路即可。

2. 分析各系统的工作过程及相互间的联系

在分析某个系统前，认真阅读图注，看懂、看全该系统全部的组成部件的名称和代号以及其功能和技术参数，熟悉电路中各用电设备、控制器件或装置的作用及工作原理，熟悉线路配线和颜色标记，牢记回路原则，分清楚各器件通过导线的连接方法，电路原理分析时，一定要弄清楚开关、继电器的状态。

3. 通过对典型电路的分析，达到触类旁通

汽车电路中很多部分都是类似或相近的，通过一些具体实例分析，从中找出一些共同规律，在此基础上，与其他汽车电路相比较，就可以发现它们有更多的共性及其差异所在。抓住几个典型电路对于理解其他车型的电路会有一定的帮助。

任务实施

桑塔纳 2000GSi 实车电气元件的认识

一、实施前的准备

1. 工具、仪器

汽车常用拆装工具、汽车常用电工工具。

2. 设备、材料

桑塔纳 2000 轿车、桑塔纳 2000 维修手册、记录本、记录笔等。

二、实施方法

（1）看图 8-13，并查阅桑塔纳 2000GSi 维修手册，请指出图中 A、B、C、D、G60、N41、O

电气设备的名称。

（2）看图 8-13，并查阅桑塔纳 2000GSi 维修手册，在实车中找到：

· A、B、C、D、G60、N41、O 电气设备的位置；

· ①、②、③、④、⑦接地点的位置。

任务3　大众车系电路图识读

一、大众车系电路图的特点及含义

1. 特点

图 8-14 所示为帕萨特 GSi 轿车起动机、发电机、蓄电池电路图，从图 8-14 中可以看出大众车系电路图的特点。

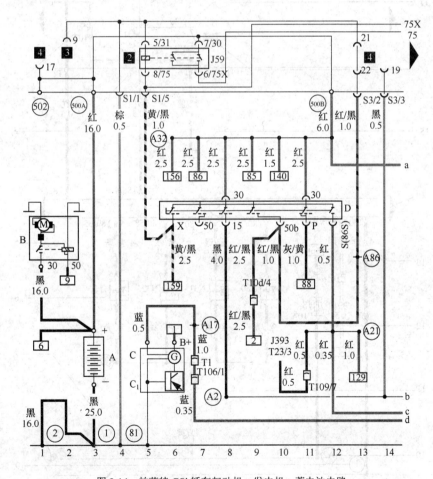

图 8-14　帕萨特 GSi 轿车起动机、发电机、蓄电池电路

（1）全车电路分为 3 部分。最上面部分为中央配电盒电路，其中标明了熔丝的位置及容量、继电器位置编号及接线端子号等。中间部分是车上的电气元件及连线。最下面的横线是搭铁线，上面标有电路编号和搭铁点位置；最下面搭铁线的标号实际上是不存在的，它是为了方便标明在一页画不完的线的另一端在何处而人为编制的。

（2）采用断线代号解决电路交叉问题。大众车系采用断线代号法来处理线路复杂交错的问题，例如，某一线路的上半段在电路号码为 1 的位置上，下半段在电路号码为 6 的位置上，在上半段电路的中止处画一个标有 ⑥ 的小方格，下半段电路开始处也有一小方格，里面标有 ①，说明上半段电路就应在电路号码为 6 的位置上，通过 ① 和 ⑥，上、下半段电路就连在一起了。

（3）电源线。灰色区域内部水平线为接电源正极的导线，有 30、15、31、X 等。电路中经常通电的线路使用 30 号，搭铁线的代号是 31，受控制的大容量用电设备的电源线代号是 X，受控制的小容量用电设备电源线代号是 15（见图 8-15）。

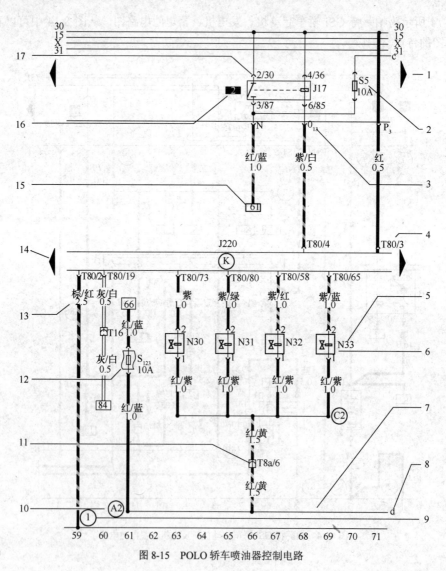

图 8-15 POLO 轿车喷油器控制电路

（4）在表示线路走向的同时，还表示出了线路结构情况。汽车的整个电气系统是以中央配电盒为中心进行控制的，大部分继电器和保险丝安装在中央配电盒的正面。接插器和插座安装在中央配电盒的背面。在电路图上标有 5/31、7/30、6/75x 和 8/75，其中分子 5、6、7 和 8 是指中央电气装置第 2 号位置上的插孔，分母 31、30、75x、75 是指继电器上的 4 个插脚，分子和分母是相对应的。

（5）电路图底部横线表示搭铁线，导线搭铁端标注有带圈的数字代号①、②、⑧1。

2．电路图各部分含义

图 8-15 所示为 POLO 的喷油器电路图，图中各部分的含义如下。

1—三角箭头，表示下接下一页电路图。

2—保险丝代号，图中 S5 表示该保险丝位于保险丝座第 5 号位，额定电流为 10A。

3—继电器板上插头连接代号，表示多针或单针插头连接和导线的位置，例如 D13 表示多针插头连接，D 位置触点 13。

4—接线端子代号，表示电气元件上接线端子数/多针插头连接触点号码。

5—元件代号，在电路图下方可以查到元件的名称。

6—元件的符号，可参见电路图符号说明。

7—内部接线（细实线），该接线并不是作为导线设置的，而是表示元件或导线束内部的电路。

8—指示内部接线的去向，字母表示内部接线在下一页电路图中与标有相同字母的内部接线相连。

9—搭铁点的代号，在电路图下方可查到该不可拆式连接位于哪个导线束内。

10—线束内连接的代号，在电路图下方可查到该不可拆式连接位于哪个导线内。

11—插头连接，例如 T8a/6 表示 8 针 a 插头触点 6。

12—附加保险丝代号，例如 S_{123} 表示在中央电器附加继电器板上第 23 号位保险丝，10A。

13—导线的颜色和截面积（单位：mm^2）。

14—三角箭头，指示元件接线上一页电路图。

15—指示导线的去向，框内的数字指示导线连接到哪个接点编号。

16—继电器位置编号，表示继电器板上的继电器位置号。

17—继电器板上的继电器或控制器接线代号。该代号表示继电器多针插头的各个触点。例如 2/30，2 表示继电器板上插口的触点 2，30 表示继电器/控制器上的触点 30。

二、大众车系常用符号及线色

1．大众车系常用电气元件符号

图 8-16 所示为大众车系常用电气元件符号。

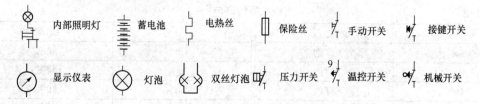

图 8-16　大众车系常用电气元件符号

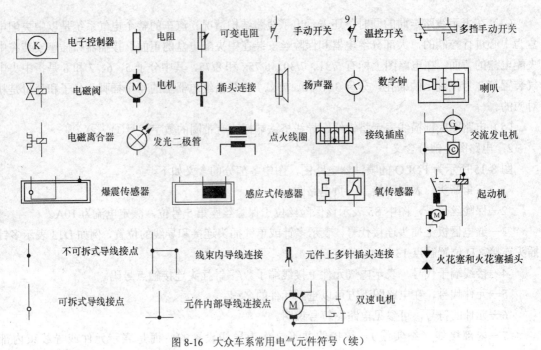

图 8-16　大众车系常用电气元件符号（续）

2. 常用端子号

大众汽车常用端子号及用途见表 8-2。

表 8-2　　　　　　　　　　　　　大众汽车常用端子号及用途

端　子　号	用　途	端　子　号	用　途
1	点火线圈负极	56a	远光束
4	点火线圈高压	56b	近光束
15	点火开关输出	58L	左侧示宽灯
30	蓄电池正极输入	58R	右侧示宽灯
31	接　地	61	充电指示灯
49	到闪光器输入	85	继电器控制
49a	自闪光器输出	86	继电器控制极输入
50	起动机	87	继电器负载极输入
53	刮水器低速挡	54	制动灯
53b	刮水器高速挡	56	前照灯

3. 大众汽车导线颜色

大众车系导线颜色见表 8-3。

表 8-3　　　　　　　　　　　　　大众车导线颜色

代　号	导线颜色	代　号	导线颜色
Sw	黑色	Gn	绿色
Ws	白色	Li	紫色
Br	棕色	Ro	红色
Bl	蓝色	Gr	灰色
Ge	黄色		

任务实施

帕萨特 GSi 轿车电路图识读

一、实施前的准备

1. 工具、仪器

汽车常用电工工具，汽车常用维修工具。

2. 设备、材料

大众车系维修手册、记录本、记录笔、三件套等。

二、实施方法

以帕萨特 GSi 轿车的蓄电池、发电机、起动机电路图（见图 8-14）为例，识读电源系统、起动系统的电路。

1. 蓄电池

蓄电池用 A 表示。负极搭铁，用①表示，搭铁点在车身上，线径为 25.0 mm²，黑色；用②表示搭铁点在变速器，线径为 16.0mm²，黑色；蓄电池正极与起动机接点 30 用粗线连接，线径为 16.0mm²，黑色；还有一条 16.0mm² 的红色线与继电器板上的螺栓连接点 500A 火线相连；最后一条线电路代码为 8 的线通过插头 T10d/4 与点火开关的 50b 接头相连。

2. 发电机

发电机用 C 表示。发电机电压调节器用 C₁ 表示。线路编号 5 的细实线表示发动机自身搭铁。发电机的 D+端子，通过一条蓝色 0.5mm² 的导线经过一个单孔接头 T₁ 送往点火开关的 15 号接头上。B+端子通过一条黑色导线连接在蓄电池的正极接线柱上。

3. 起动系

起动机用 B 表示，接点 30 通过 16mm² 黑色导线与蓄电池正极相连，接点 50 通过 10 针插头 T10d/4、2.5mm² 红/黑双色导线与点火开关的 50b 相连。

起动机控制线路为：蓄电池正极→红色导线（16.0mm²）→正极连接线 A32→红色导线→点火开关端子 30→点火开关→点火开关 50b→红/黑导线→10 针插头 T10d/4 的 4 号端子→转入电路号码 2→电路号码 9 的红/黑导线→起动机的电磁开关 50 端子→内部搭铁。

起动机工作电路为：蓄电池正极→16mm² 黑色导线→起动机 30 端子搭铁。

任务4　丰田车系电路图识读

相关知识

一、丰田车系电路图的特点及含义

1. 特点

图 8-17 所示为丰田车系制动灯电路图，由图 8-17 可知丰田车系电路图的特点。

特点一：电路图中的电气元件通常用文字直接标注，如左后制动灯 H₉，右后制动 J₇ 等。

特点二：把整个电路图作为一个总图，各系统电路按横轴方向逐个布置，并在电路图上方标出各系统电路的区域和代表该电路系统的符号及文字说明。

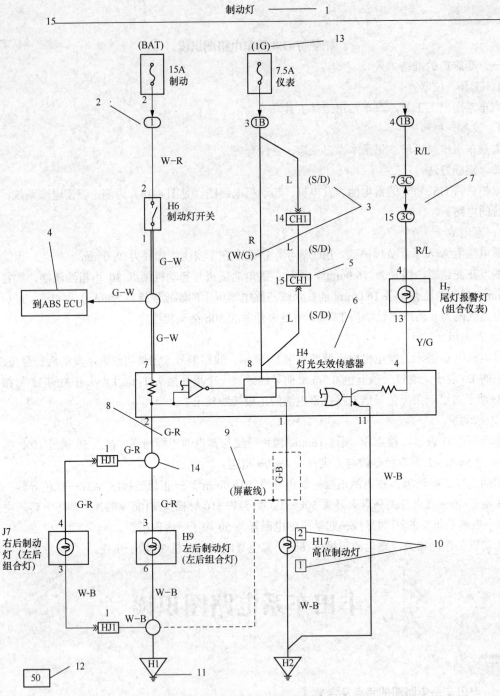

图 8-17　丰田车系制动灯电路

　　特点三：电路图中绘出了搭铁点，并标注代号与文字说明，可以从电路图了解电路搭铁点，直观明了，如"⏚"。

　　特点四：电路图中，有的还直接标出电路插接器的端子排列和各端子的使用情况，给识图和电路故障查询提供了方便。

2．各部分含义

1—系统标题。

2—1 号继电器盒。

3—当车型发动机型号或规定不一样时，用"（　）"表示不同的线和连接器。

4—相关联的系统。

5—线束和线束插接器，仅用公端子的导线束用箭头（∨）来表示，外侧的数字是引脚号。

6—一个零件代码与零件位置使用的代码相同。

7—接线盒，涂料阴影以区别其他零件，3C 表示它在 3 号接线盒；数字 7 和 15 表示两条配线分别在插接器 7 号和 15 号接线端子上。

8—线的颜色，用字母符号表示，当用双色线时，第一个字母表示主色，第二个字母表示辅色。

9—屏蔽线。

10—连接器的引脚号。

11—搭铁点，表示搭铁点的字符由字母和数字两部分组成，字母表示线束，数字表示当有多个搭铁点同时存在于一个线束中时，用数字以示区别。

12—在原厂电路图中的页码。

13—保险丝通电时的点火开关的位置。

14—配线接点，配线接点不通过连接器直接与线路相连。

二、丰田车系电路符号及线色

1．丰田车系电路符号

丰田车系电路符号见表 8-4。

表 8-4　　　　　　　　　　　　　丰田车系电路符号

符　号	名　称	符　号	名　称
	发光二极管：通过电流此种二极管发光	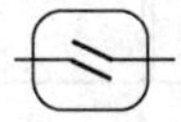	传感器：用磁场脉冲去打开或关闭
	模拟表：电流激活磁性线圈引起指针移动	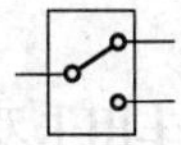	双掷式开关：从一个位置或另一个位置连续流过电流
	电动机：把电能转变为机械能	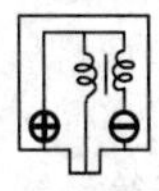	点火线圈：把低压直流变成高压脉冲电流
	扬声器	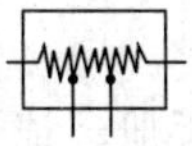	分接式电阻：提供两个或更多不同阻值的电阻
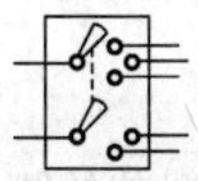	开关：有几个位置的钥匙控制开关		可变电阻：阻值可变的可控制电阻
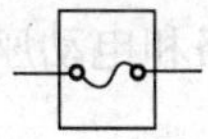	保险丝：适应中等电流	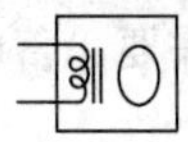	分电器，或集成点火总成：将高压电从点火线圈分配到火花塞

符　号	名　称	符　号	名　称
易熔丝：适应大电流		光敏二极管：根据光强度控制电流通过	
导线连接：表示两根导线相连接		未连接导线：表示两根导线不连接	
点烟器：电阻加热元件		刮水器凸轮开关：当刮水器开关在关闭时，自动运转刮水器到停止位置	
灯：电流通过灯丝，使之发光		喇叭：发出高声音信号的电气装置	
双灯丝 双丝前照灯：电流通过使前照灯变热发光		双掷式继电器：从一个接触位置或另一个接触位置使电流通过的继电器	

2. 导线颜色

丰田车系导线颜色代号及颜色见表 8-5。

表 8-5　　　　　　　　　　　　　丰田车系导线颜色

代　号	导线颜色	代　号	导线颜色	代　号	导线颜色
B	黑色	O	橙色	BR	棕色
G	绿色	R	红色	GR	灰色
L	蓝色	W	白色	LG	淡绿色
P	粉色	V	蓝紫色	Y	黄色

任务实施

丰田卡罗拉电动座椅的电路图识读

一、实施前的准备

1. 工具、仪器

常用电工工具、汽车三件套等。

2. 设备、材料

卡罗拉轿车、卡罗拉维修手册、记录本、记录笔等。

二、实施方法

（1）图 8-18 所示为丰田卡罗拉车电动座椅的电路图，请分析它的工作原理。

从图 8-18 可以看出，卡罗拉驾驶员座椅带有 6 向电动调节功能和两方向电动调节的腰部支撑，可以很好地满足不同驾驶员的需要，蓄电池电压分别供电给驾驶员座椅调节电路和电动座椅腰部支撑调节电路。

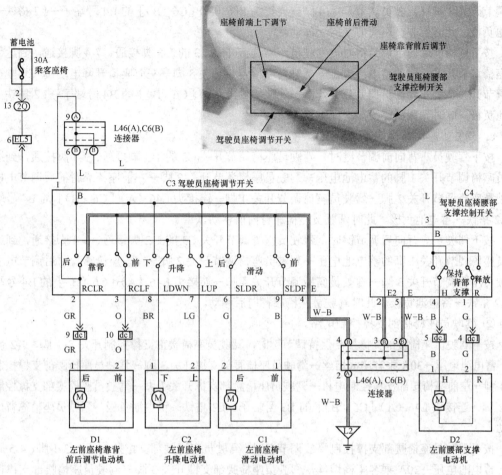

图 8-18　卡罗拉电动座椅电路

　　驾驶员座椅的调节，可分为座椅前后调节、座椅前端的上下调节、座椅靠背的前后调节、驾驶员座椅腰部支撑调节，其工作过程如下。

　　① 驾驶员座椅调节电路。

　　a. 驾驶员座椅前后的滑动。

　　按下座椅向前滑动键时，驾驶员座椅调节开关 C3 的 1-9 脚接通、6-4 脚接通，蓄电池电压→30A 乘客座椅熔丝→驾驶员座椅调节开关 1 脚→驾员座椅调节开关 9 脚→左前座椅滑动电动机→驾驶员座椅调节开关 6 脚→驾驶员座椅调节开关 4 脚→连接头 L46（A）[C6（B）] 的 B4 号端子→L2 搭铁→蓄电池负极。此时驾驶员座椅向前滑动。

　　按下座椅向后滑动键时，驾驶员座椅调节开关 C3 的 1-6 脚接通、9-4 脚接通，蓄电池电压→30A 乘客座椅熔丝→驾驶员座椅调节开关 1 脚→驾员座椅调节开关 6 脚→左前座椅滑动电动机→驾驶员座椅调节开关 9 脚→驾驶员座椅调节开关 4 脚→连接头 L46（A）[C6（B）] 的 B4 号端子→L2 搭铁→蓄电池负极。此时驾驶员座椅向后滑动。

　　b. 驾驶员座椅前端的上下调节。

　　按下座椅前端向上调节键时，驾驶员座椅调节开关 C3 的 1-7 脚接通、8-4 脚接通，到达驾驶员座椅调节开关 1 脚的蓄电池电压→驾驶员座椅调节开关 7 脚→左前座椅长降电动机→驾驶员座椅调节开关 8 脚→驾驶员调节开关 4 脚→连接头 L46（A）［C6（B）］的 B4 号端子→L2 搭铁→蓄电池负极。此时驾驶员座椅前端向上移动。

按下座椅前端向下调节键时，驾驶员座椅调节开关 C3 的 1-8 脚接通、7-4 脚接通，到达驾驶员座椅调节开关 1 脚的蓄电池电压→驾驶员座椅调节开关 8 脚→左前座椅升降电动机→驾驶员座椅调节开关 7 脚→驾驶员调节开关 4 脚→连接头 L46（A）［C6（B）］的 B4 号端子→L2 搭铁→蓄电池负极。此时驾驶员座椅前端向下移动。

c. 驾驶员座椅靠背前后调节。

按下驾驶员靠背向前调节键时，驾驶员座椅调节开关 C3 的 1-3 脚接通、2-4 脚接通，到达驾驶员座椅调节开关 1 脚的蓄电池电压→驾驶员座椅调节开关 3 脚→左前座椅靠背前后调节电机→驾驶员座椅调节开关 2 脚→驾驶员座椅调节开关 4 脚→连接头 L46（A）［C6（B）］的 B4 号端子→L2 搭铁→蓄电池负极。此时驾驶员座椅靠背向前移动。

按下驾驶员靠背向后调节键时，驾驶员座椅调节开关 C3 的 1-2 脚接通、3-4 脚接通，到达驾驶员座椅调节开关 1 脚的蓄电池电压→驾驶员座椅调节开关 2 脚→左前座椅靠背前后调节电机→驾驶员座椅调节开关 3 脚→驾驶员座椅调节开关 4 脚→连接头 L46（A）［C6（B）］的 B4 号端子→L2 搭铁→蓄电池负极。此时驾驶员座椅靠背向后移动。

② 驾驶员座椅腰部支撑控制电路。

按下驾驶员座椅腰部支撑控制保持调节键时，驾驶员座椅腰部支撑控制开关 3-4 脚、1-2 脚接通。蓄电池电压→30A 乘客座椅熔丝→驾驶员座椅腰部支撑开关 3 脚→驾驶员座椅腰部支撑控制开关 4 脚→左前座椅腰部支撑控制电机→驾驶员座椅腰部支撑开关 1 脚→驾驶员座椅腰部支撑控制开关 2 脚→连接头 L46（A）［C6（B）］的 B3 号端子→L2 搭铁→蓄电池负极。驾驶员座椅靠背向前移动。

按下驾驶员座椅腰部支撑控制释放调节键时，驾驶员座椅腰部支撑控制开关 3-1 脚、4-5 脚接通。蓄电池电压→30A 乘客座椅熔丝→驾驶员座椅腰部支撑开关 3 脚→驾驶员座椅腰部支撑控制开关 1 脚→左前座椅腰部支撑控制电机→驾驶员座椅腰部支撑开关 4 脚→驾驶员座椅腰部支撑控制开关 5 脚→连接头 L46（A）［C6（B）］的 B5 号端子→L2 搭铁→蓄电池负极。此时驾驶员座椅腰部支撑向后移动。

（2）参见图 8-18 卡罗拉电动座椅电路图及卡罗拉维修手册，在实车中查找电动座椅控制系统中的开关、继电器、熔断丝、电动机、插接器。

任务5 通用车系电路图识读

相关知识

一、通用车系电路图的特点及含义

1. 特点

（1）通用车系电路图通常分为四类，分别是电源分配图（见图 8-19）、熔丝图（见图 8-20）、系统电路图（见图 8-21）和搭铁电路图（见图 8-22）。

（2）电路图标有电源接通说明。系统电路图中，电源从上方进入，通常从熔丝处开始，并于熔丝上方用黑线框标注此处与电源之间的通断关系；用电器在中部，搭铁点在最下方。如果是由电子控制的系统，电路图中除该系统的工作电路外，还会包括与该系统工作有关的信号电路。

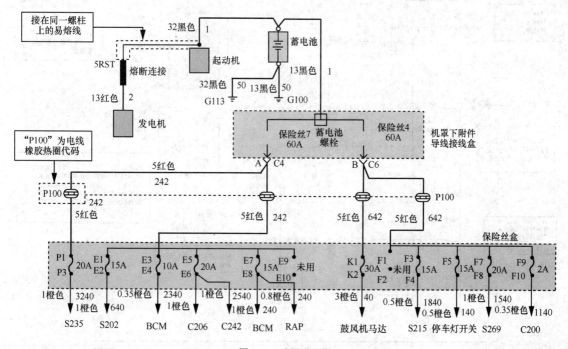

图 8-19　电源分配图

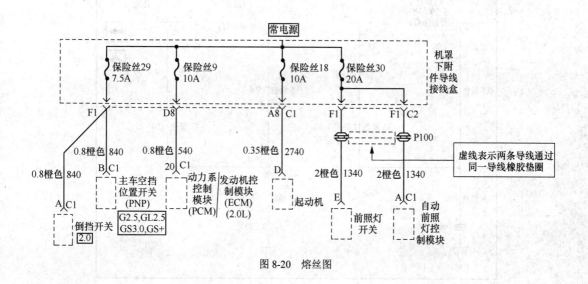

图 8-20　熔丝图

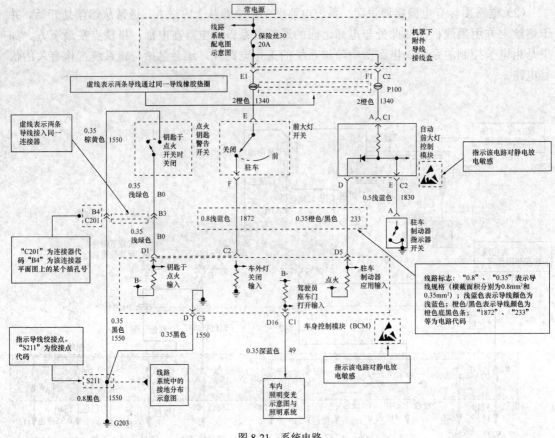

图 8-21 系统电路

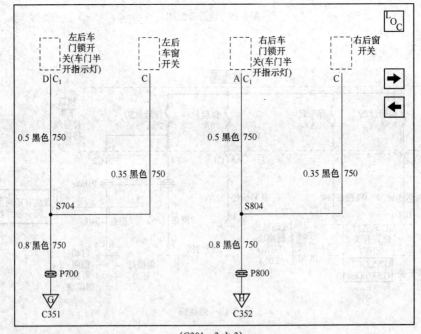

(G301，3 之 3)

图 8-22 搭铁分配

（3）电路中标有电路编号。在电路图中，各导线除标明颜色和横截面积外，通常还标有该电路的编码，通过电路编码可以知道该电路在汽车上的位置，以方便识图和故障查询。

（4）电路中标有特殊的提示符号。通用汽车电路图中用黑三角内的图案表示电路中需要注意的地方，见表 8-6。

表 8-6   通用车系特殊符号及说明

符 号	说 明	符 号	说 明
	对静电放电敏感（ESO）图标。本图标用于提醒技术人员，该系统含有对静电敏感的部件，在维修前需要特别注意		局部部件 当部件采用虚线框表示时，部件或导线均未完全表示
	附加充气式保护装置（SIR）或附加保护系统（SRS）图标。本图标用于提醒技术人员，该系统含有附加充气式保护装置（SIR）/附加保护装置系统（SRS）部件，在维修前需要特别注意		完整部件 当部件采用实线框表示时，所示部件或导线表示完整
	车线诊断（OBDII）图标。本图标用于提醒技术人员，该电路对 ODBII 排放控制电路的操作十分重要，任一电路如果出现故障将导致故障指示灯（MIL）启亮，该电路属于 OBDII 电路		保险丝
	重要注意事项图标。本图标用于提醒技术人员还有其他附加系统维修的信息		断路器

（5）车辆位置用代码进行分区。车辆位置分区代码如图 8-23 所示，所有搭铁、直列式连接器、穿线护环和星形连接器都有与其在车辆上的位置相对应识别代码，表 8-7 对代码进行了说明。

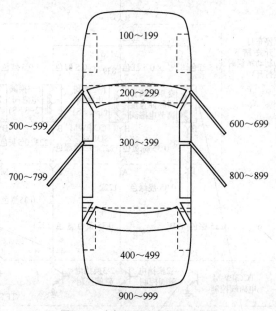

图 8-23   车辆位置分区代码示意图

表 8-7　　　　　　　　　　　　　　　　　　车辆位置分区代码

调出图号码	区 位 说 明
100～199	发动机舱（全部在仪表板前部）； 001～099 为发动机舱附加号（仅在使用所有 100～199 时使用）
200～299	位于仪表板区域内
300～399	乘客室（从仪表板到后车轮罩）
400～499	行李舱（从后车轮罩到车辆后部）
500～599	位于左前车门内
600～699	位于右前车门内
700～799	位于左后车门内
800～899	位于右后车门内
900～999	位于行李舱盖或储物仓盖

2．电路图中各部分含义

图 8-24 所示为通用自动变速器控制电路，各部分含义如下：

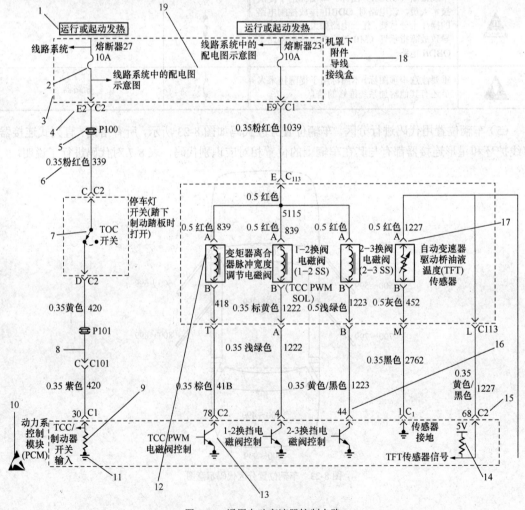

图 8-24　通用自动变速器控制电路

1—"运行或发热"表示线路在点火开关处于点火或起动挡时有电,电压为蓄电池工作电压。

2—27 号 10A 的熔断器。

3—虚线框表示没有完全表示出接线盒所有部分。

4—导线由发动机罩下导线接线盒的 C2 连接插头的 E2 引脚引出,连接插头编号 C3 在右侧,引脚编号 E2 写在左侧。

5—符号和 P100 表示贯穿式密封圈,其中 P 表示密封圈,100 为其代号。

6—"0.35 粉红色"表示导线截面积为 0.35mm^2,粉红色表示线的颜色,数字"339"表示该线束位置在乘客室。

7—TCC(液力变矩器中的锁止离合器控制)开关,图中处于接通状态表示为动断开关,其开关信号经过 P101 和 C101,由动力总成控制模块 PCM 中的 C1 插头 30 号引脚进入 PCM 中。

8—直列线束插接器,右侧"C101"表示连接插头编号,左侧"C"表示直列线束插接器 C 的引脚。

9—输出电阻器,这里用来把制动灯开关的信号以一定的电压信号的形式输出给动力总成控制模块 PCM 的内部控制电路。

10—动力总成控制模块 PCM 是对静电敏感的部件。

11—搭铁。

12—在自动变速器内部的 TCC 锁止电磁阀,此电磁阀控制液力变矩器内部锁止离合器的结合。

13—带晶体管半导体元件控制的集成电路。

14—输出电阻器。PCM 提供 5V 稳压通过内部串接电阻与自动变速器油温传感器连接,同时将自动变速器油温传感器信号传给 PCM。

15—动力总成控制模块 PCM 的 C2 连接插头的 68 端子。

16—虚线表示 4、14、1 引脚均属于 C1 连接插头。

17—自动变速器内部的自动变速器油温传感器。

18—部件的名称及所处的位置。

19—导线通往机罩下附件导线接线盒其他电路,对目前所显示的电气系统没有作用,是一种省略画法。

二、通用车系电路图符号及线色

1. 通用车系电路图符号

通用车系电路图符号及说明见表 8-8。

表 8-8　　　　　　　　　　　通用车系电路图符号及说明

符　号	说　明	符　号	说　明
12	部件上连接的连接器	P100	贯穿式密封圈
12	带引出线的连接器	G100	底盘接触

续表

符 号	说 明	符 号	说 明
	带螺栓或螺钉连接孔的端子		壳体接触
12 C100	直列线束连接器		单丝灯泡
S100	接头		双丝灯泡
	发光二极管		可交电阻器
	电容器		位置传感器
	蓄电池		输入/输出电阻器
	可变蓄电池		输入/输出开关
	电阻器		二极管
	晶体		天线
	加热芯		屏蔽
	电动机		开关
	电磁阀		单极单掷继电器

续表

符　号	说　明	符　号	说　明
	线圈		单极双掷继电器
	发光二极管		

2. 通用车系导线颜色

通用车系导线颜色见表 8-9。

表 8-9　　　　　　　　　　通用车系导线颜色

颜色代码	导线颜色	颜色代码	导线颜色	颜色代码	导线颜色
BLK	黑色	YEL	黄色	ORN	橙色
WHT	白色	BLU	蓝色	GRY	灰色
RER	红色	DK BLU	深蓝	BRN	棕色
GRN	绿色	LT BLU	浅蓝	TAN	深棕
DK GRN	深绿	PNK	粉红	CLR	无色
LT GRN	浅绿	PPL	紫色		

任务实施

别克轿车冷却风扇的电路图识读

一、实施前的准备

1. 工具、仪器

常用电工工具、汽车三件套等。

2. 设备、材料

别克轿车、别克维修手册、记录本、记录笔等。

二、实施方法

（1）图 8-25 所示为别克轿车新世纪冷却风扇控制电路图，请分析其工作过程。

从图 8-25 可以看出，冷却风扇由两个熔断器（6 号 40A 和 21 号 15A）分别向冷却风扇供电，三个继电器 9 号、10 号、12 号用于控制风扇的高低速，其工作过程如下。

① 低速工作时的电路。PCM 通过低速风扇控制电路为继电器 12 的控制电路提供搭铁。继电器 12 的控制电路的电流通路为：所有时间热→熔断器 6→继电器 12→PCM 的低速风扇控制电路搭铁形成回路。于是，继电器 12 的线圈中有电流通过，控制动合触点闭合，向冷却风扇电机供电。此时由于左侧的冷却风扇电机与右侧的冷却风扇电机串联，所以风扇以低速运转。

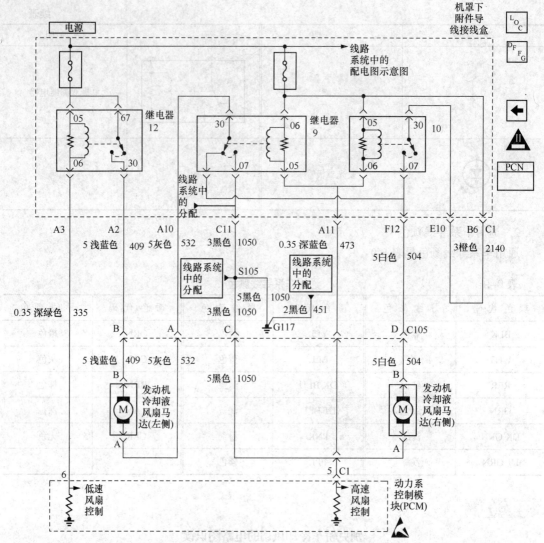

图 8-25 冷却风扇控制电路（左右侧却冷风扇）

电流通路为：所有时间热→熔断器 6→继电器 12→左侧的冷却风扇电机→继电器 9 的动断触点→右侧的冷却风扇电机→导线系统搭铁分配器搭铁形成回路。

② 高速工作时的电路。PCM 首先经低速风扇控制电路对继电器 12 提供搭铁路径。经 3s 延时后，PCM 经高速风扇控制电路为继电器 9 和继电器 10 提供搭铁路径。左侧风扇电机继续由熔断器 6 提供电流。但熔断器 21 为右侧风扇电机提供电流。各风扇接收不同的搭铁路径。因此，风扇高速运行。左侧风扇电机电流路径为：所有时间热→熔断器 6→继电器 12→左侧的冷却风扇电机→继电器 9 的动合触点→导线系统搭铁分配器搭铁形成回路。右侧风扇电机电流通路为：所有时间热→熔断器 21→继电器 10 的动合触点→右侧的冷却风扇电机→导线系统搭铁分配器搭铁形成回路。

（2）别克轿车冷却系统控制元器件认识。在实车中，找到冷却风扇高低速控制的继电器、保险丝、风扇电机插接器。

思 考 与 练 习

1. 什么是汽车电路？汽车电路由哪几部分组成？
2. 简述汽车电路三种状态的特点。
3. 什么是汽车电路图？汽车电路图有哪几种？各自有何特点？
4. 图8-26所示为宝马喇叭控制电路，请分析喇叭工作过程。

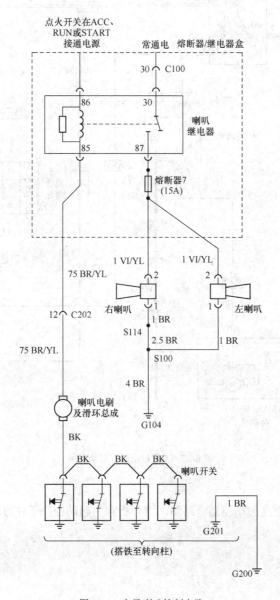

图8-26　宝马喇叭控制电路

5. 图 8-27 所示为卡罗拉电源、起动电路图，请分析其起动工作过程。

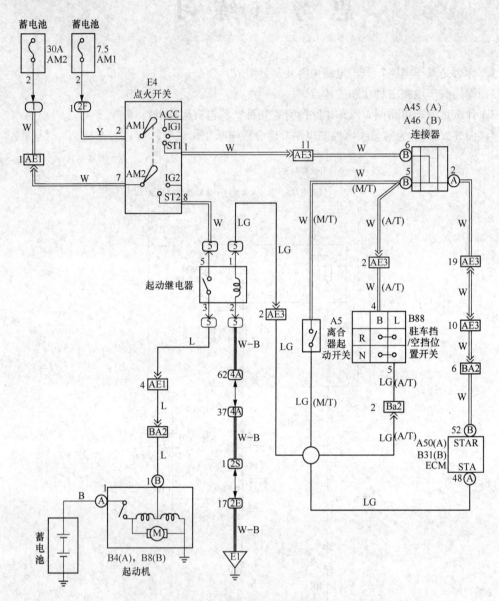

图 8-27　卡罗拉电源、起动电路

6. 图 8-28 所示为别克起动控制电路图，请分析它的起动控制工作过程。

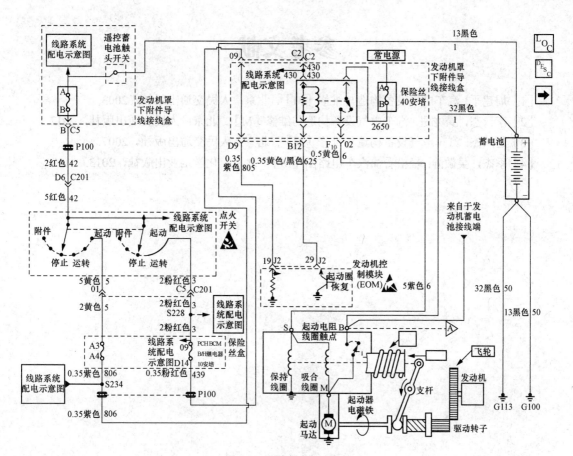

图 8-28 别克轿车起动电路

参考文献

［1］周建平. 汽车电气设备构造与维修［M］. 北京：人民交通出版社，2003.

［2］李云杰，黄龙进. 汽车电气设备构造与维修［M］. 北京：人民交通出版社，2012.

［3］赵凤杰. 汽车电气设备构造与维修［M］. 北京：人民交通出版社，2007.

［4］季杰，吴敬静. 轻松看懂汽车电路图［M］. 北京：化学工业出版社，2013.